民族要复兴　乡村必振兴

乡村振兴

规划·路径·案例

温婉华　张航　著

全国百佳图书出版单位

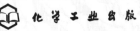化学工业出版社

·北京·

内容简介

《乡村振兴：规划·路径·案例》一书由导读和战略规划：全面推进顶层设计；保障供给：筑牢农业安全基石；科技强农：聚力现代农业支撑；有效衔接：巩固脱贫攻坚成果；产业振兴：打造强劲乡村经济；美丽乡村：坚持生态宜居道路；创新驱动：激发乡村治理活力；人才培育：壮大乡村人才队伍八章组成。

本书图文并茂，通过简洁的语言和直观的图表等解读重要知识点，特别注重理论联系实际，突出案例介绍和实操指引，便于读者在轻松阅读中掌握乡村振兴战略的核心要义并能学以致用。

图书在版编目（CIP）数据

乡村振兴：规划·路径·案例/温婉华，张航著．—北京：
化学工业出版社，2023.1
ISBN 978-7-122-42465-5

Ⅰ．①乡⋯　Ⅱ．①温⋯②张⋯　Ⅲ．①农村-社会主义
建设-建设规划-研究-中国　Ⅳ．①F320.3

中国版本图书馆CIP数据核字（2022）第206020号

责任编辑：陈　蕾　　　　　　　　　　装帧设计：溢思视觉设计／程超
责任校对：张茜越　　　　　　　　　　E-mail: isstudio@126.com

出版发行：化学工业出版社（北京市东城区青年湖南街13号　邮政编码100011）
印　　装：大厂聚鑫印刷有限责任公司
710mm×1000mm　1/16　印张12　字数220千字　2022年12月北京第1版第1次印刷

购书咨询：010-64518888　　　　　　售后服务：010-64518899
网　　址：http://www.cip.com.cn
凡购买本书，如有缺损质量问题，本社销售中心负责调换。

定　　价：58.00元

民族要复兴，乡村必振兴。在我国如期实现全面建成小康社会目标、开启实现第二个百年奋斗目标新征程之际，"三农"工作的重心也转向了全面推进乡村振兴。实施乡村振兴战略，是党的十九大作出的重大决策部署，是全面建设社会主义现代化国家的重大历史任务，是全党全社会的共同行动。

全面推进乡村振兴，要以习近平新时代中国特色社会主义思想为指导，认真落实党中央、国务院部署，科学实施乡村振兴战略规划。《关于实施乡村振兴战略的意见》《国家乡村振兴战略规划（2018—2022年）》《关于全面推进乡村振兴加快农业农村现代化的意见》《关于实现巩固拓展脱贫攻坚成果同乡村振兴有效衔接的意见》《关于加强和改进乡村治理的指导意见》《中华人民共和国乡村振兴促进法》等，都是全面推进乡村振兴的科学指南和行动纲领，必须深入学习、准确把握。

乡村振兴，产业兴旺是重点。要以乡村资源、产业基础、人文历史等优势为依托，因地制宜地选择适合当地的乡村产业，充分发挥乡村资源的丰富性和生态文化的独特性优势，大力发展现代化特色农业、乡村旅游业等农村新产业，促进农村一二三产业融合发展。要深入推进农业供给侧结构性改革，加快推动农业科技进步，构建现代农业产业体系、生产体系和经营体系。

乡村振兴，生态宜居是关键。生态宜居不仅是农民的梦想，也是我们每个中国人的梦想。良好的生态环境是乡村最大的优势，也是乡村最宝贵的财富。要保护好清新自然的乡村山水田园风光、独特厚重的乡土风情，让美丽小镇、美丽村庄、美丽田园真正成为农民幸福生活的宜居家园、市民休闲旅游养生的世外桃源、青少年国情社情教育的基地。

乡村振兴，治理有效是基础。目前我国乡村社会建设、乡村治理存在明显短板，既不能适应新形势新发展新变化，也制约着乡村振兴战略的实施。只有强化农村基层党组织的战斗堡垒作用，进一步完善党组织领导的自治、法治、德治相结合的乡村治理体系，积极推动社会主义核心价值观建设落细落小落实，发扬村规民约、家规家训蕴含的中华传统美德等，才能真正实现乡村治理体系和治理能力的现代化。

乡村振兴，脱贫致富是根本。脱贫攻坚和乡村振兴都是为实现"两个一百年"奋斗目标而作出的重要战略部署，具有基本目标的统一性和战略举措的互补性。通过实施乡村振兴战略，有效巩固脱贫攻坚的成果，为脱贫群体提供更稳定的发展基础和更多的发展机会，进一步调动广大农民的积极性、主动性和创造性，把广大农民对美好生活的向往化为推动乡村振兴的动力，实现广大农民的共同富裕。

乡村振兴，人才队伍是支撑，人才是第一资源，也是第一动力。既需要一批政治过硬、本领过硬、作风过硬的乡村干部队伍，担当乡村振兴的主心骨、领路人，更需要大量懂产业、懂经营、懂市场的管理人才和爱农业、爱农村、爱农民的专业技术人才。通过打造人才"蓄水池"和磁力场，让各类人才竞相奔涌于乡村发展事业，掀起乡村振兴发展的新高潮。

基于对乡村振兴战略的长期关注、乡村振兴实践的深度参与、技能型人才培养的丰富经验，我们撰写了《乡村振兴：规划·路径·案例》一书。本书由导读（民族要复兴，乡村必振兴）和战略规划：全面推进顶层设计；保障供给：筑牢农业安全基石；科技强农：聚力现代农业支撑；有效衔接：巩固脱贫攻坚成果；产业振兴：打造强劲乡村经济；美丽乡村：坚持生态宜居道路；创新驱动：激发乡村治理活力；人才培育：壮大乡村人才队伍八章组成。其中，导读由温婉华、张航编写，第一章到第五章由温婉华编写，第六章到第八章由张航编写。本书图文并茂，通过简洁的语言和直观的图表等解读重要知识点，特别注重理论联系实际，突出案例介绍和实操指引，便于读者在轻松阅读中掌握乡村振兴战略的核心要义并能学以致用。

本书写作过程中，得到了广东工业大学、深圳职业技术学院、河源职业技术学院、吉安职业技术学院等相关专家和老师的鼎力支持，提供了大量的案例和图片，尤其是深圳职业技术学院图书馆韩树林馆长倾情指导和协助，本书才得以顺利完成。在此，我们对各位专家、老师所付出的努力和支持一并表示衷心的感谢！

本书是广东省哲学社会科学规划项目"基于循证设计的乡村振兴文旅开发模式"（GD21CYS06）、高校思想政治工作队伍培训研修中心（华南师范大学）2021年度开放课题"基于乡村振兴战略的大学生社会责任感培育研究——以高职院校学生'党建引领、专业提升、美学经济、思政教育'四位一体的艺术乡建为例"（SCNUKFYB091）的阶段性研究成果之一。

由于笔者水平有限，书中难免出现疏漏之处，敬请读者批评指正。

著者

CONTENTS 目录

导　读　民族要复兴，乡村必振兴 ·· 1

　　一、实施乡村振兴战略的指导思想 ·· 1

　　二、实施乡村振兴战略的目标任务 ·· 1

　　三、实施乡村振兴战略的基本原则 ·· 4

　　四、实施乡村振兴战略的重大意义 ·· 5

第一章　战略规划：全面推进顶层设计 ·· 7

　第一节　出台政策保障 ·· 9

　　一、乡村振兴战略内涵和政策体系形成 ·································· 9

　　二、乡村振兴战略内容 ··· 9

　　三、乡村振兴战略相关的主要支持政策 ································ 10

　第二节　加强资金扶持 ·· 16

　　一、扩大中央财政投入 ·· 16

　　二、提高土地出让收入投向农业农村比例 ··························· 17

　　三、强化乡村振兴金融服务 ··· 18

　　　　相关链接　央行出台23条举措，金融支持乡村振兴政策

　　　　　　　　　再升级 ·· 19

　　四、用好管好乡村振兴补助资金 ··· 20

　第三节　深化农村改革 ·· 21

　　一、土地制度改革 ·· 21

　　二、产权制度改革 ·· 23

　　三、经营体系改革 ·· 26

第二章　保障供给：筑牢农业安全基石 ······················28

第一节　稳定粮食生产 ··································30
一、粮食产业状况 ···································30
二、粮食供需环境及生产目标 ·······················31
三、稳定粮食播种面积 ·······························32
四、调动农民种粮积极性 ·····························32

第二节　提升大豆和油料产能 ····························33
一、大豆是我国第四大粮食作物 ·······················33
二、大豆的重要功能 ·································33
三、挖掘潜力扩种大豆 ·······························34
四、全力抓好油料生产 ·······························35

第三节　保障"菜篮子"产品供给 ························38
一、强化"菜篮子"产品生产 ·························38
二、做好"菜篮子"产品产销对接 ·····················38
三、压实"菜篮子"市长负责制 ·······················38

第四节　统筹做好重要农产品调控 ························39
一、重要农产品调控的现实背景 ·······················39
二、健全农产品全产业链监测预警体系 ···················40
三、深化粮食购销领域监管体制机制改革 ·················41
四、严格控制以玉米为原料的燃料乙醇加工 ···············42
五、做好化肥等农资市场储备调运 ·····················44
六、推动形成节粮减损长效机制 ·······················45
实例1　乡村振兴大战略下的"巨型稻" ···············46
实例2　重庆铜梁：以"菜篮子"为乡村振兴提速 ·········47

第三章　科技强农：聚力现代农业支撑 ················ 49

第一节　严格保护耕地 ················ 51

一、保数量 ················ 51

相关链接　18亿亩耕地红线的由来 ················ 51

二、提质量 ················ 52

相关链接　高标准农田建设有了更高国家标准 ················ 53

三、管用途 ················ 55

四、挖潜力 ················ 56

第二节　提高种业创新水平 ················ 57

一、种业振兴的重大意义 ················ 57

二、种业科技创新水平现状 ················ 58

三、种业的挑战与创新 ················ 59

四、推进生物育种产业化应用 ················ 60

五、加强种业知识产权保护 ················ 61

第三节　加快发展设施农业 ················ 63

一、什么是设施农业 ················ 63

二、设施农业的特点 ················ 63

三、发展设施农业的对策 ················ 64

实例3　国家荔枝龙眼产业技术体系深圳综合试验站：探索
农业＋全产业链创新发展、跨界融合的新模式 ················ 64

实例4　张掖陈寨：发展设施农业 打造增收"新引擎" ················ 66

第四章　有效衔接：巩固脱贫攻坚成果 ················ 68

第一节　完善监测帮扶机制 ················ 70

一、精准监测 ················ 70

二、及早帮扶 ·· 71

三、简化操作 ·· 73

第二节　促进脱贫人口持续增收 ································ 73

一、产业支撑 ·· 73

二、促进就业 ·· 73

三、支持创业 ·· 75

第三节　加大重点区域帮扶力度 ································ 75

一、加大重点帮扶县扶持力度 ································ 76

二、推进易地搬迁后扶服务 ·································· 78

实例5　陕西汉中：支持返乡创业　助推乡村振兴 ········ 80

第五章　产业振兴：打造强劲乡村经济 ···················· 82

第一节　优化乡村产业空间布局 ································ 84

一、强化县域统筹 ·· 84

二、推进镇域产业聚集 ······································ 85

三、促进镇村联动发展 ······································ 86

四、支持贫困地区产业发展 ·································· 87

第二节　促进产业融合发展 ···································· 88

一、挖掘农业农村功能价值 ·································· 88

二、培育多元融合主体 ······································ 89

三、催生农村产业融合新业态 ································ 90

四、打造农村产业融合新载体 ································ 91

五、构建共享型产业融合新模式 ······························ 92

六、延伸融合农业产业链 ···································· 93

第三节　培育乡村特色优势产业 ································ 95

一、因地制宜，明确产业发展路径 ···························· 95

二、创新驱动,强化产业科技支撑 ………………………………… 97

三、绿色生态,彰显产业内在价值 ………………………………… 99

四、融合拓展,提升产业辐射带动力 ……………………………… 100

第四节　推动创新创业升级 …………………………………………… 101

一、以产业融合推进农村创业创新升级 …………………………… 102

二、以绿色理念引领农村创业创新升级 …………………………… 102

三、以资源整合支持农村创业创新升级 …………………………… 103

四、以联通联动推进农村创业创新升级 …………………………… 103

实例6　福建永安:科技+人才让竹山变金山 …………………… 104

第六章　美丽乡村:坚持生态宜居道路 …………………………… 106

第一节　健全乡村建设实施机制 ……………………………………… 108

一、明确乡村建设实施机制 ………………………………………… 108

二、乡村建设要"求稳" ……………………………………………… 109

三、乡村建设要防范地方债务风险 ………………………………… 110

四、不盲目拆旧村、建新村 ………………………………………… 110

五、严格规范村庄撤并 ……………………………………………… 111

六、保护特色民族村寨 ……………………………………………… 111

第二节　提升农村人居环境 …………………………………………… 112

一、推进农村厕所革命 ……………………………………………… 112

二、推进农村生活污水治理 ………………………………………… 114

三、提升农村生活垃圾治理水平 …………………………………… 116

四、整体提升村容村貌 ……………………………………………… 118

第三节　重点领域农村基础设施建设 ………………………………… 120

一、农村公路建设养护 ……………………………………………… 120

二、农村供水工程建设改造 ………………………………………… 121

三、农村电网巩固提升 ·· 124

四、农村清洁能源建设 ·· 125

第四节 推进数字乡村建设 ·· 126

　　一、数字乡村建设的内涵 ·· 127

　　二、数字乡村建设的主要领域 ·· 127

　　三、数字乡村建设的发展路径 ·· 129

　　　　政策在线　《2022年数字乡村发展工作要点》（节选）············ 129

第五节 加强基本公共服务县域统筹 ···································· 131

　　一、推进以县城为重要载体的城镇化建设 ······························ 131

　　二、实施新一轮学前教育行动计划 ···································· 133

　　三、推进紧密型县域医疗卫生共同体建设 ······························ 134

　　四、推动农村基层医疗体系建设 ······································ 135

　　五、加强农村养老服务 ·· 137

　　　　实例7　河源市胜利村：人居环境整治带动乡村全面发展 ·········· 138

第七章　创新驱动：激发乡村治理活力 ································ 140

第一节 农村基层组织建设 ·· 142

　　一、农村基层组织建设的意义 ·· 142

　　二、农村基层组织建设的着力点 ······································ 143

　　三、农村基层组织建设的关键点 ······································ 145

　　四、农村基层组织建设的路径 ·· 146

第二节 农村精神文明建设 ·· 148

　　一、加强农村思想道德建设 ·· 148

　　二、加强农村公共文化建设 ·· 150

　　三、加强农村文明乡风建设 ·· 152

　　四、传承发展农村传统文化 ·· 154

第三节　乡村法治建设 ·· 156

一、乡村法治建设的意义 ··· 156

二、乡村法治建设的措施 ··· 157

相关链接　"枫桥经验"的内涵 ····································· 159

实例8　广东青田：建设具有生命力的乡村复兴样本 ······· 160

第八章　人才培育：壮大乡村人才队伍 ································ 162

第一节　乡村振兴需要哪些人才 ·· 164

一、乡村规划师 ·· 164

二、复合型村级管理人才 ··· 164

三、乡村基础教育人才 ·· 165

四、乡村专业人才 ·· 165

五、营销人才 ··· 166

六、休闲农业、乡村旅游方向人才 ··· 167

七、乡村文化传承人才 ·· 167

八、医疗卫生人才 ·· 167

九、司法人才 ··· 167

第二节　国家对乡村振兴人才的部署 ······································ 168

一、人才振兴部署的政策 ··· 168

二、《关于加快推进乡村人才振兴的意见》解析 ·················· 168

三、《"十四五"农业农村人才队伍建设发展规划》解读 ······· 172

第三节　乡村振兴人才之我见 ··· 174

一、多措并举，人才引进 ··· 175

二、畅通渠道，培养人才 ··· 176

三、人才评价，激发活力 ··· 177

四、改善环境，留住人才 ··· 178

实例9　江西吉安：乡村振兴学院的"一红四金"培训

新模式 ·· 180

民族要复兴，乡村必振兴

民族要复兴，乡村必振兴。中国已进入实现第二个百年奋斗目标新征程，"三农"工作重心已历史性转向全面推进乡村振兴。实施乡村振兴战略，是党的十九大作出的重大决策部署，是决胜全面建成小康社会、全面建设社会主义现代化国家的重大历史任务。

一、实施乡村振兴战略的指导思想

深入贯彻习近平新时代中国特色社会主义思想，深入贯彻党的十九大和十九届二中、三中全会精神，加强党对"三农"工作的全面领导，坚持稳中求进工作总基调，牢固树立新发展理念，落实高质量发展要求，紧紧围绕统筹推进"五位一体"总体布局和协调推进"四个全面"战略布局，坚持把解决好"三农"问题作为全党工作重中之重，坚持农业农村优先发展，按照产业兴旺、生态宜居、乡风文明、治理有效、生活富裕的总要求，建立健全城乡融合发展体制机制和政策体系，统筹推进农村经济建设、政治建设、文化建设、社会建设、生态文明建设和党的建设，加快推进乡村治理体系和治理能力现代化，加快推进农业农村现代化，走中国特色社会主义乡村振兴道路，让农业成为有奔头的产业，让农民成为有吸引力的职业，让农村成为安居乐业的美丽家园。

二、实施乡村振兴战略的目标任务

按照党的十九大提出的决胜全面建成小康社会、分两个阶段实现第二个百年奋斗目标的战略安排，实施乡村振兴战略的目标任务是：

2020年，乡村振兴的制度框架和政策体系基本形成，各地区各部门乡村振兴的思路举措得以确立，全面建成小康社会的目标如期实现。

2022年，乡村振兴的制度框架和政策体系初步健全。国家粮食安全保障水平进一步提高，现代农业体系初步构建，农业绿色发展全面推进；农村一二三产业融合发展格局初步形成，乡村产业加快发展，农民收入水平进一步提高，脱贫攻坚成果得到进一步巩固；农村基础设施条件持续改善，城乡统一的社会保障制度体系基本建立；农村人居环境显著改善，生态宜居的美丽乡村建设扎实推进；城乡融合发展体制机制初步建立，农村基本公共服务水平进一步提升；乡村优秀传统文化得以传承和发展，农民精神文化生活需求基本得到满足；以党组织为核心的农村基层组织建设明显加强，乡村治理能力进一步提升，现代乡村治理体系初步构建。探索形成一批各具特色的乡村振兴模式和经验，乡村振兴取得阶段性成果。乡村振兴战略规划主要指标如表0-1所示。

表0-1 乡村振兴战略规划主要指标

分类	序号	主要指标	单位	2016年基期值	2020年目标值	2022年目标值	2022年比2016年增加（累计提高百分点）	属性
产业兴旺	1	粮食综合生产能力	亿吨	>6	>6	>6	—	约束性
	2	农业科技进步贡献率	%	56.7	60	61.5	（4.8）	预期性
	3	农业劳动生产率	万元／人	3.1	4.7	5.5	2.4	预期性
	4	农产品加工产值与农业总产值比	—	2.2	2.4	2.5	0.3	预期性
	5	休闲农业和乡村旅游接待人次	亿人次	21	28	32	11	预期性
生态宜居	6	畜禽粪污综合利用率	%	60	75	78	（18）	约束性
	7	村庄绿化覆盖率	%	20	30	32	（12）	预期性
	8	对生活垃圾进行处理的村占比	%	65	90	>90	（>25）	预期性
	9	农村卫生厕所普及率	%	80.3	85	>85	（>4.7）	预期性
乡风文明	10	村综合性文化服务中心覆盖率	%	—	95	98	—	预期性
	11	县级及以上文明村和乡镇占比	%	21.2	50	>50	（>28.8）	预期性

续表

分类	序号	主要指标	单位	2016年基期值	2020年目标值	2022年目标值	2022年比2016年增加（累计提高百分点）	属性
乡风文明	12	农村义务教育学校专任教师本科以上学历比例	%	55.9	65	68	（12.1）	预期性
	13	农村居民教育文化娱乐支出占比	%	10.6	12.6	13.6	（3）	预期性
治理有效	14	村庄规划管理覆盖率	%	—	80	90	—	预期性
	15	建有综合服务站的村占比	%	14.3	50	53	（38.7）	预期性
	16	村党组织书记兼任村委会主任的村占比	%	30	35	50	（20）	预期性
	17	有村规民约的村占比	%	98	100	100	（2）	预期性
	18	集体经济强村比重	%	5.3	8	9	（3.7）	预期性
生活富裕	19	农村居民恩格尔系数	%	32.2	30.2	29.2	（-3）	预期性
	20	城乡居民收入比	—	2.72	2.69	2.67	-0.05	预期性
	21	农村自来水普及率	%	79	83	85	（6）	预期性
	22	具备条件的建制村通硬化路比例	%	96.7	100	100	（3.3）	约束性

到2035年，乡村振兴取得决定性进展，农业农村现代化基本实现，具体如图0-1所示。

目标一　农业结构得到根本性改善，农民就业质量显著提高，相对贫困进一步缓解，共同富裕迈出坚实步伐

目标二　城乡基本公共服务均等化基本实现，城乡融合发展体制机制更加完善

目标三　乡风文明达到新高度，乡村治理体系更加完善

目标四　农村生态环境根本好转，美丽宜居乡村基本实现

图0-1　乡村振兴战略2035年目标

到2050年，乡村全面振兴，农业强、农村美、农民富全面实现，如图0-2所示。

图0-2 乡村振兴战略2050年目标

三、实施乡村振兴战略的基本原则

乡村振兴战略的基本原则如图0-3所示。

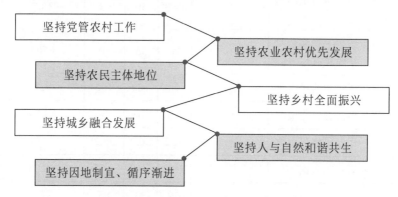

图0-3 乡村振兴战略的基本原则

1.坚持党管农村工作

毫不动摇地坚持和加强党对农村工作的领导，健全党管农村工作领导体制机制和党内法规，确保党在农村工作中始终总揽全局、协调各方，为乡村振兴提供坚强有力的政治保障。

2.坚持农业农村优先发展

把实现乡村振兴作为全党的共同意志、共同行动，做到认识统一、步调一致，在干部配备上优先考虑，在要素配置上优先满足，在资金投入上优先保障，在公共服务上优先安排，加快补齐农业农村短板。

3.坚持农民主体地位

充分尊重农民意愿，切实发挥农民在乡村振兴中的主体作用，调动亿万农民的积极性、主动性、创造性，把维护农民群众根本利益、促进农民共同富裕作为出发点和落脚点，促进农民持续增收，不断提升农民的获得感、幸福感、安全感。

4.坚持乡村全面振兴

准确把握乡村振兴的科学内涵，挖掘乡村多种功能和价值，统筹谋划农村经济建设、政治建设、文化建设、社会建设、生态文明建设和党的建设，注重协同性、关联性，整体部署，协调推进。

5.坚持城乡融合发展

坚决破除体制机制弊端，使市场在资源配置中起决定性作用，更好发挥政府作用，推动城乡要素自由流动、平等交换，推动新型工业化、信息化、城镇化、农业现代化同步发展，加快形成工农互促、城乡互补、全面融合、共同繁荣的新型工农城乡关系。

6.坚持人与自然和谐共生

牢固树立和践行绿水青山就是金山银山的理念，落实节约优先、保护优先、自然恢复为主的方针，统筹山水林田湖草系统治理，严守生态保护红线，以绿色发展引领乡村振兴。

7.坚持因地制宜、循序渐进

科学把握乡村的差异性和发展走势分化特征，做好顶层设计，注重规划先行、突出重点、分类施策、典型引路。既尽力而为，又量力而行，不搞层层加码，不搞一刀切，不搞形式主义，久久为功，扎实推进。

四、实施乡村振兴战略的重大意义

实施乡村振兴战略，是解决新时代我国社会主要矛盾、实现"两个一百年"奋斗目标和中华民族伟大复兴中国梦的必然要求，具有重大现实意义和深远历史意义。

1.实施乡村振兴战略是建设现代化经济体系的重要基础

农村经济是现代化经济体系的重要组成部分。乡村振兴，产业兴旺是重点。实施乡村振兴战略，深化农业供给侧结构性改革，构建现代农业产业体系、生产体系、经营体系，实现农村一二三产业深度融合发展，有利于推动农业从增产导向转向提质导向，增强我国农业创新力和竞争力，为建设现代化经济体系奠定坚实基础。

2.实施乡村振兴战略是建设美丽中国的关键举措

农业是生态产品的重要供给者，乡村是生态涵养的主体区，生态是乡村最大的发展优势。乡村振兴，生态宜居是关键。实施乡村振兴战略，统筹山水林田湖草系统治理，加快推行乡村绿色发展方式，加强农村人居环境整治，有利于构建人与自然和谐共生的乡村发展新格局，实现百姓富、生态美的统一。

3.实施乡村振兴战略是传承中华优秀传统文化的有效途径

乡村振兴，乡风文明是保障。实施乡村振兴战略，深入挖掘农耕文化蕴含的优秀思想观念、人文精神、道德规范，结合时代要求在保护传承的基础上创造性转化、创新性发展，有利于在新时代焕发出乡风文明的新气象，进一步丰富和传承中华优秀传统文化。

4.实施乡村振兴战略是健全现代社会治理格局的固本之策

乡村振兴，治理有效是基础。实施乡村振兴战略，加强农村基层基础工作，健全乡村治理体系，确保广大农民安居乐业、农村社会安定有序，有利于打造共建共治共享的现代社会治理格局，推进国家治理体系和治理能力现代化。

5.实施乡村振兴战略是实现全体人民共同富裕的必然选择

乡村振兴，生活富裕是根本。实施乡村振兴战略，不断拓宽农民增收渠道，全面改善农村生产生活条件，促进社会公平正义，有利于增进农民福祉，让亿万农民走上共同富裕的道路，汇聚起建设社会主义现代化强国的磅礴力量。

第一章

战略规划：

全面推进顶层设计

引言：

　　乡村振兴战略是习近平新时代中国特色社会主义思想的重要组成部分，是决胜全面建成小康社会、全面建设社会主义现代化国家、实现中华民族伟大复兴的重大历史任务，是新时代"三农"工作的总抓手，也是党的十九大确定的我国经济社会发展的七大战略之一。当前，我国社会主要矛盾已经转化为人民日益增长的美好生活需要和不平衡不充分的发展之间的矛盾，我国发展不平衡不充分问题在乡村最为突出，实施乡村振兴战略，是解决人民日益增长的美好生活需要和不平衡不充分的发展之间矛盾的必然要求，是实现全体人民共同富裕的必由之路。近年来国家既从不同层面提供乡村振兴的方向、政策和措施等软件支持，也提供乡村振兴所需要的人力、物力和财力等硬件支持，唯有全面深入研习国家战略规划，才能更好落实乡村振兴战略。

第一节　出台政策保障

我们党和国家一直以来都十分重视"三农"工作，出台了乡村振兴相关的支持政策，涉及乡村振兴战略提出前后三农领域的方方面面。

一、乡村振兴战略内涵和政策体系形成

乡村振兴战略是2017年10月18日在党的十九大报告中提出的战略。

十九大报告指出，农业农村农民问题是关系国计民生的根本性问题，必须始终把解决好"三农"问题作为全党工作的重中之重，实施乡村振兴战略。乡村振兴战略最根本的内涵如图1-1所示。

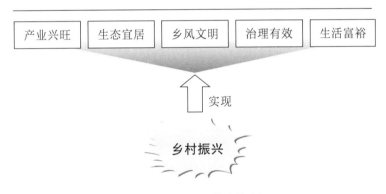

图1-1　乡村振兴战略的内涵

二、乡村振兴战略内容

乡村振兴战略包括图1-2所示的内容。

图1-2　乡村振兴战略内容

1.产业振兴

乡村要发展，发展产业是关键。产业兴旺是乡村振兴的基础，是解决农村问题的前提。应因势利导促进乡村产业融合发展，服务乡村经济，加快乡村振兴的步伐。

2.人才振兴

乡村人才振兴是乡村振兴的关键因素。让更多人才愿意来、留得住、干得好、能出彩，人才数量、结构和质量能够满足乡村振兴的需要。所以，应该积极培养有才有能力的专业人士，成为乡村振兴的主力军。

3.文化振兴

乡村文化振兴是乡村振兴的精神基础，贯穿于乡村振兴的各领域、全过程。应加强思想道德建设和公共文化建设，弘扬社会正气，建设文明社会风气，文化振兴为乡村振兴提供持续的精神动力。

4.生态振兴

乡村生态振兴是乡村振兴的重要支撑。良好生态环境是农村最大优势和宝贵财富。应坚持人与自然和谐共生，走乡村绿色发展之路，让良好生态成为乡村振兴支撑点。

5.组织振兴

乡村基层组织是乡村振兴的动力引擎，在三农领域各个方面起到积极带头作用。应加强党建引领、凝心聚力，组织振兴带动乡村振兴。

三、乡村振兴战略相关的主要支持政策

1.《决胜全面建成小康社会 夺取新时代中国特色社会主义伟大胜利》

2017年10月，党的十九大报告《决胜全面建成小康社会 夺取新时代中国特色社会主义伟大胜利》首次提出乡村振兴战略，指出农业农村农民问题是关系国计民生的根本性问题，必须始终把解决好三农问题作为全党工作的重中之重，实施乡村振兴战略。

2.《中共中央国务院关于实施乡村振兴战略的意见》

2018年2月，中央一号文件《中共中央国务院关于实施乡村振兴战略的意见》正式对外发布。

文件从图1-3所示的几个方面对实施乡村振兴战略进行安排部署。

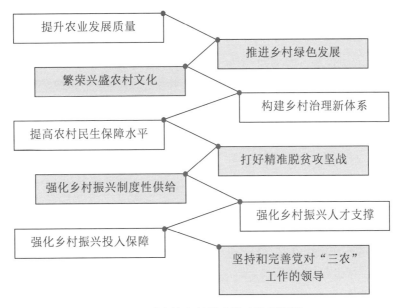

图1-3　对实施乡村振兴战略进行部署

文件提出，走中国特色社会主义乡村振兴道路，让农业成为有奔头的产业，让农民成为有吸引力的职业，让农村成为安居乐业的美丽家园。文件确定了实施乡村振兴战略的目标任务，如图1-4所示。

图1-4　2018年中央一号文件确定实施乡村振兴战略的目标任务

文件强调，坚持农业农村优先发展。把实现乡村振兴作为全党的共同意志、共同行动，做到认识统一、步调一致，在干部配备上优先考虑，在要素配置上优先满足，在资金投入上优先保障，在公共服务上优先安排，加快补齐农业农村短板。

3.《国家乡村振兴战略规划（2018—2022年）》

2018年9月26日，中共中央、国务院印发《国家乡村振兴战略规划（2018—2022年）》（以下简称《战略规划》），明确了之后五年的重点任务，提出了农业科技进步贡献率等22项具体指标，首次建立了乡村振兴指标体系。按照集聚提升、城郊融合、特色保护、搬迁撤并4种类型，明确了分类推进乡村振兴的方法和步骤。细化实化了乡村振兴各项工作，部署了数字农业农村和智慧农业等82项重大工程、重大计划、重大行动。

（1）《战略规划》谋划的重点任务。《战略规划》按照产业兴旺、生态宜居、乡风文明、治理有效、生活富裕的总要求，明确了阶段性重点任务，如图1-5所示。

以农业供给侧结构性改革为主线，促进乡村产业兴旺。坚持质量兴农、品牌强农，构建现代农业产业体系、生产体系、经营体系，推动乡村产业振兴

以践行绿水青山就是金山银山的理念为遵循，促进乡村生态宜居。统筹山水林田湖草系统治理，加快转变生产生活方式，推动乡村生态振兴

以社会主义核心价值观为引领，促进乡村乡风文明。传承发展乡村优秀传统文化，培育文明乡风、良好家风、淳朴民风，建设邻里守望、诚信重礼、勤俭节约的文明乡村，推动乡村文化振兴

以构建农村基层党组织为核心、自治法治德治"三治结合"的现代乡村社会治理体系为重点，促进乡村治理有效。把夯实基层基础作为固本之策，建立健全党委领导、政府负责、社会协同、公众参与、法治保障的现代乡村社会治理体制，推动乡村组织振兴，打造充满活力、和谐有序的善治乡村

以确保实现全面小康为目标，促进乡村生活富裕。加快补齐农村民生短板，让农民群众有更多实实在在的获得感、幸福感、安全感

图1-5 《战略规划》谋划的重点任务

（2）《战略规划》提出的具体要求。《战略规划》围绕落实中央统筹、省负总责、市县抓落实的乡村振兴工作机制，从五方面提出要求，如图1-6所示。

1 坚持党的领导。落实党政一把手是第一责任人、五级书记抓乡村振兴的工作要求，让乡村振兴成为全党全社会的共同行动

2 尊重农民意愿。切实发挥农民主体作用，避免代替农民选择，形成全体人民群策群力、共建共享的乡村振兴局面

3 强化规划引领。抓紧编制地方规划和专项规划或方案，推动形成城乡融合、区域一体、多规合一的乡村振兴战略规划体系

4 注重分类施策。顺应村庄发展规律和演变趋势，按照集聚提升、城郊融合、特色保护、搬迁撤并的思路，分类推进，打造各具特色的现代版"富春山居图"

5 把握节奏力度。坚持稳中求进工作总基调，谋定而后动，避免一哄而上、急于求成、层层加码，避免过度举债搞建设，避免搞强迫命令一刀切、搞形象工程堆盆景

图1-6 《战略规划》提出的具体要求

4.《全国乡村产业发展规划（2020—2025年）》

2020年7月9日，农业农村部印发了《全国乡村产业发展规划（2020—2025年）》（以下简称《发展规划》），这是我国首次对乡村产业发展作出全面规划。

《发展规划》提出了乡村产业未来五年的发展目标，如图1-7所示。

目标一 农产品加工业持续壮大。农产品加工业营业收入达到32万亿元，农产品加工业与农业总产值比达到2.8∶1，主要农产品加工转化率达到80%

目标二 乡村特色产业深度拓展。培育一批产值超百亿元、千亿元优势特色产业集群，建设一批产值超十亿元农业产业镇（乡），创响一批"乡字号""土字号"乡土品牌

目标三 乡村休闲旅游业优化升级。农业多种功能和乡村多重价值深度发掘，业态类型不断丰富，服务水平不断提升，年接待游客人数超过40亿人次，经营收入超过1.2万亿元

目标四 乡村新型服务业类型丰富。农林牧渔专业及辅助性活动产值达到1万亿元，农产品网络销售额达到1万亿元

目标五 农村创新创业更加活跃。返乡入乡创新创业人员超过1500万人

图1-7 《发展规划》明确的目标

除了目标，《发展规划》还为乡村产业发展路径作出清晰指引。乡村产业发展路径主要体现在"五动五新"，如图1-8所示。

延伸链条带动，拓展乡村产业发展新空间。《发展规划》以延长产业链、打造供应链、提升价值链为主线，提出农产品加工业、乡村特色产业、乡村休闲旅游业等发展的方向

融合发展促动，形成乡村产业发展新模式。《发展规划》提出，培育多元融合主体，发展多类型融合业态，建立健全融合机制，促进农村一二三产业融合发展

集聚发展推动，打造乡村产业发展新高地。《发展规划》提出要推进政策集成、要素集聚、企业集中、功能集合，支持发展一批"一村一品"、农产品加工园、农业产业强镇、现代农业产业园、优势特色产业集群，构建乡村产业"圈"状发展格局

培育主体拉动，构建乡村产业发展"新雁阵"。要以深入推进农业产业发展为主线，壮大农业产业化龙头企业队伍，形成国家、省、市、县级梯队

创新创业驱动，培育乡村产业发展新动能。《发展规划》提出要培育返乡创业、入乡创业、在乡创业三支创业大军，形成以创新带创业、以创业带就业、以就业促增收的格局

图1-8 《发展规划》作出的路径指引

5.《中共中央-国务院关于全面推进乡村振兴加快农业农村现代化的意见》

2021年2月21日，中央一号文件《中共中央 国务院关于全面推进乡村振兴加快农业农村现代化的意见》正式对外发布。文件指出，民族要复兴，乡村必振兴。要坚持把解决好"三农"问题作为全党工作重中之重，把全面推进乡村振兴作为实现中华民族伟大复兴的一项重大任务，举全党全社会之力加快农业农村现代化，让广大农民过上更加美好的生活。

文件包括5个部分26条，主要内容可以概括为"两个决不能，两个开好局起好步，一个全面加强"。

"两个决不能"就是巩固拓展脱贫攻坚成果决不能出问题、粮食安全决不能出问题。强调设立衔接过渡期，实现巩固拓展脱贫攻坚成果同乡村振兴的有效衔接，确保守住不发生规模性返贫底线。明确要求"十四五"各省（区、市）要稳定粮食播种面积、提高单产水平，确保粮食产量稳定在1.3万亿斤以上。

"两个开好局起好步"就是农业现代化、农村现代化都要开好局起好步。农业

现代化方面，突出部署解决种子和耕地两个要害问题，强化现代农业科技和物质装备支撑，着力构建现代乡村产业体系、现代农业经营体系，推进农业绿色发展。农村现代化方面，以实施乡村建设行动为抓手，部署一批农村人居环境、基础设施和公共服务、农村消费、县域内城乡融合发展等方面的重点工程和行动。

"一个全面加强"就是加强党对"三农"工作的全面领导。对健全党的农村工作领导体制和工作机制、加强党的农村基层组织建设和乡村治理等方面提出明确要求，强调要强化农业农村优先发展投入保障。

6.《中华人民共和国乡村振兴促进法》

《中华人民共和国乡村振兴促进法》于2021年4月29日经第十三届全国人民代表大会常务委员会第二十八次会议通过，2021年6月1日起正式实施。

全文包括产业发展、人才支撑、文化繁荣、生态保护、组织建设、城乡融合等内容。该法是中国历史上第一个关于推动"农业发展、农村振兴、农民致富"的法律规范，是我国第一部直接以"乡村振兴"命名的法律，标志着乡村振兴战略迈入有法可依、依法实施的新阶段。

7.《中共中央 国务院关于做好2022年全面推进乡村振兴重点工作的意见》

2022年2月22日，中央一号文件《中共中央 国务院关于做好2022年全面推进乡村振兴重点工作的意见》出台。

文件突出年度性任务、针对性举措、实效性导向，部署2022年全面推进乡村振兴重点工作，明确了两条底线任务：保障国家粮食安全和不发生规模性返贫；三方面重点工作：乡村发展、乡村建设、乡村治理；推动实现"两新"：乡村振兴取得新进展、农业农村现代化迈出新步伐。

8.《关于推动文化产业赋能乡村振兴的意见》

2022年4月，文化和旅游部、教育部、自然资源部、农业农村部、国家乡村振兴局、国家开发银行联合印发《关于推动文化产业赋能乡村振兴的意见》（以下简称《意见》）。

《意见》把"文化引领、产业带动""农民主体、多方参与""政府引导、市场运作""科学规划、特色发展"作为基本原则，并提出到2025年，文化产业赋能乡村振兴的有效机制基本建立，优秀传统乡土文化得到有效激活，乡村文化业态丰富发展，乡村人文资源和自然资源得到有效保护和利用，乡村一二三产业有机融合，文化产业对乡村经济社会发展的综合带动作用更加显著，对乡村文化振兴的支撑作用更加突出。

第二节 加强资金扶持

推动实现乡村振兴和农业现代化，资金支持是一大关键。2022年中央一号文件在加大政策保障和体制机制创新力度方面，提出要扩大乡村振兴投入和强化乡村振兴金融服务，为乡村振兴提供资金保障。

一、扩大中央财政投入

在扩大乡村振兴投入上，2022年中央一号文件提出，继续把农业农村作为一般公共预算优先保障领域，中央预算内投资进一步向农业农村倾斜，压实地方政府投入责任。

自乡村振兴战略提出以来，从中央到地方，各级财政的涉农资金大量增加，各级党委政府把"三农"工作作为全党工作的重中之重，这些资金的投入对改变农业农村的面貌，促进现代化农业的发展起到了巨大的作用。

1.开展重点领域农村基础设施建设

农村基础设施建设是财政资金投入的主要领域。2022年中央一号文件也明确指出，要扎实开展重点领域农村基础设施建设。

比如，有序推进乡镇通三级及以上等级公路、较大人口规模自然村（组）通硬化路建设，实施农村公路安全生命防护工程和危桥改造等。

在加大国内经济循环、进一步弥补城乡发展差距的当下，未来的基建市场即将再一次下沉，最广泛的市场就在广袤的乡村。尤其是在政府投资强调"有效性"的大背景下，乡村投资能够带动的需求与发展，以及在促进乡村地区消费与产业振兴方面的作用相当可观。

2.发行乡村振兴专项债券

2022年中央一号文件也提出，支持地方政府发行政府债券用于符合条件的乡村振兴公益性项目。这意味着在专项债券持续发力的大背景下，用于乡村领域的债券资金占比也将持续提高，以支持更多的长期限、公益性的乡村基础设施投资。

数据平台

截至 2022 年 3 月，上交所累计发行了 18 只乡村振兴债券，规模合计 102.2 亿元，为全国多个地区的"三农"领域"引渠灌水"，票面利率在 3.35% 至 6.5%，汇集了四川、西藏、湖南、江苏等地的乡村振兴项目。

二、提高土地出让收入投向农业农村比例

2022 年中央一号文件提出，要加强考核监督，稳步提高土地出让收入用于农业农村的比例。

长期以来，我国土地增值收益主要用在城市。乡村振兴，需要真刀真枪地干，也需要真金白银地投。除了继续增加财政一般公共预算"三农"的投入以外，也要想办法拓宽资金来源渠道。提高土地出让收入用于农业农村的比例，就是一个重要的资金筹措渠道和制度安排。

早在 2020 年，中办、国办就已印发《关于调整完善土地出让收入使用范围优先支持乡村振兴的意见》（以下简称《意见》）。《意见》明确提出，从"十四五"第一年开始，各省（区、市）要分年度稳步提高土地出让收入用于农业农村的比例；到"十四五"期末，以省（区、市）为单位核算，土地出让收益用于农业农村的比例要达到 50% 以上。

根据测算，土地出让收入用于农业农村比例每提高一个百分点，就相当于"三农"增加了六七百亿元的投入。这将为实施乡村振兴战略提供有力的资金支持。

同时，为防止支出碎片化、提高资金使用的整体效益，《意见》提出要统筹整合土地出让收入用于农业农村的资金，与实施乡村振兴战略规划衔接好，一定要聚焦补短板、强弱项。各地可根据乡村振兴的实际需要，整合土地出让收入用于农业农村的资金，重点用于高标准农田建设、农田水利建设、现代种业提升等突出短板。

2021 年，为贯彻落实《意见》要求，中央农办、财政部、农业农村部联合印发《关于提高土地出让收入用于农业农村比例的考核办法》（以下简称《办法》），对地方土地出让收入用于农业农村比例进行考核。《办法》明确，通过年度和"十四五"期末考核相结合的方式，对各省（自治区、直辖市）人民政府提高土地出让收入用于农业农村比例政策落实情况进行考核，确保各地土地出让收入用于农业农村比例

分年度稳步提高，到"十四五"期末用于农业农村比例应达到土地出让收益50%以上的同时，不低于土地出让收入的8%；或达到土地出让收入的10%以上。

《办法》对土地出让收入用于农业农村支出的范围及核算方式等进行了明确。

比如，各地要加强土地出让收入用于农业农村资金与一般公共预算支农投入之间的统筹衔接，持续加大各级财政通过原有渠道用于农业农村的支出力度，并将有关情况纳入考核体系。

地方应做好统筹安排相关资金，尤其是粮食主产区和财力弱、乡村振兴任务重的地区，以确保土地出让收入取之于农、主要用之于农，为实施乡村振兴战略建立稳定可靠的资金来源。

三、强化乡村振兴金融服务

1.提高金融服务质量

从2022年中央一号文件部署看，提升乡村振兴金融服务质量，一方面要靠深化体制机制改革，着重激发金融机构服务"三农"的积极性。

比如，"加大支农支小再贷款、再贴现支持力度，实施更加优惠的存款准备金政策""支持各类金融机构探索农业农村基础设施中长期信贷模式"。

在金融政策上加大对金融机构的激励力度，建立长效激励机制，有助于建立更可持续的农村金融业务发展模式。在激励的同时，也要更加重视考核评估机制的作用，"完善乡村振兴金融服务统计制度，开展金融机构服务乡村振兴考核评估"。激励和考核双管齐下，为推动乡村振兴金融产品和服务模式创新、打造乡村振兴新金融服务体系打下坚实基础。

另一方面，要着重调动农民群众合理使用金融资源的能动性、主动性。金融资源能不能更好地为乡村服务，不仅取决于金融资源的普惠性，也取决于"三农"发展软环境。当下，信用体系、金融教育、消费权益保护等金融基础设施的落后，是造成金融资源不敢、不能、不想进入"三农"领域的梗阻。2022年中央一号文件提出的"发展农户信用贷款""加强农村金融知识普及教育和金融消费权益保护""深入开展农村信用体系建设"等举措，显示出"扶一把""送一程"的清晰治理思路。

2.化解风险

保障金融供给，提高服务质量，既需要用好"存量"，也需要开源扩流，还需要化解风险。农村的金融资源不是完全没有，而是缺乏创新活力，缺少发展动力。

2022年中央一号文件关于"加快农村信用社改革，完善省（自治区）农村信用社联合社治理机制"的改革部署，为激活农村信用社这一旨在推动农民在资金上互帮互助的金融组织指明了方向。文件同时提出，"积极发展农业保险和再保险""优化完善'保险+期货'模式"。用好保险和期货等金融手段，增强"三农"抗御风险的能力，将为乡村振兴筑牢发展的防洪堤、防火墙。

乡村广袤无垠的"希望田野"，应是金融服务的"热土"。继续把更多金融资源配置到农村重点领域和薄弱环节，强化乡村振兴的金融供给，完善乡村振兴的金融基础设施，提高农民群众的金融素养，更好满足乡村振兴多样化、多层次的金融需求，一定能以源源不断的金融"活水"，助力农业强农村美农民富的美好愿景早日实现。

 相关链接

央行出台23条举措，金融支持乡村振兴政策再升级

2022年3月，为深入贯彻落实中央经济工作会议、中央农村工作会议重要精神和中央一号文件部署要求，人民银行印发《关于做好2022年金融支持全面推进乡村振兴重点工作的意见》（以下简称《意见》）。

《意见》共提出23条举措，涉及全力做好粮食生产和重要农产品供给金融服务、加大现代农业基础支撑金融资源投入、强化对乡村产业可持续发展的金融支持、稳步提高乡村建设金融服务水平、持续推动金融支持巩固拓展脱贫攻坚成果、提升金融机构服务乡村振兴能力以及持续改善农村基础金融服务七个方面。

《意见》强调，要围绕农产品加工、乡村休闲旅游等产业发展特点，完善融资、结算等金融服务，丰富新型农业经营主体和小农户专属金融产品，支持发行乡村振兴票据，推动农村一二三产业融合发展。深化信息协同和金融科技赋能，支持县域商业发展、市场主体培育和农村流通网络建设。做好农民就地就近就业创业金融服务，拓宽农业农村绿色发展融资渠道。强化对农业农村基础设施建设、人居环境改造等重点领域的中长期信贷投入。增强金融机构网点综合化服务能力，加强与民生系统互联互通，推进县域基本公共服务与金融服务融合发展。

四、用好管好乡村振兴补助资金

2022年，中央财政衔接推进乡村振兴补助资金按照只增不减的原则安排1650亿元，增加84.76亿元，并向巩固拓展脱贫攻坚成果任务重、推进乡村振兴底子薄的地区倾斜。

为督促指导各地切实用好管好中央财政衔接推进乡村振兴补助资金，财政部、农业农村部、国家乡村振兴局、国家发展改革委、国家民委、国家林草局于2022年2月24日印发《关于加强中央财政衔接推进乡村振兴补助资金使用管理的指导意见》（以下简称《指导意见》），进一步细化衔接资金政策。

《指导意见》明确，过渡期继续通过原有资金渠道巩固"三保障"成果；贯彻落实中央一号文件关于"推动脱贫地区更多依靠发展来巩固拓展脱贫攻坚成果"的要求，督促指导各地围绕"三聚焦"用好管好衔接资金，提升资金使用效益和脱贫群众增收效果。

1.聚焦重点地区，加大对重点帮扶县的倾斜支持

过渡期内，中央财政坚持将重点帮扶县作为巩固拓展脱贫攻坚成果的重中之重，在测算分配衔接资金时单独考虑该因素，予以倾斜支持。在此基础上，《指导意见》进一步督促相关省份将重点帮扶县摆在巩固拓展脱贫攻坚成果的突出位置，在分配中央和省级财政衔接资金时，确保中央有关倾斜支持政策不折不扣落实到位。

2.聚焦重点任务，优先支持联农带农富农产业发展

《指导意见》要求各地逐年稳步提高中央财政衔接资金用于产业的比重，并明确了支持的重点内容、关键环节和扶持方式。要求衔接资金优先保障到人到户项目的资金需求，重点支持防止返贫监测对象、脱贫户发展生产增收，提高家庭经营性收入。完善产业项目利益联结机制，确保群众充分受益。

3.聚焦重点环节，强化项目实施和资金使用管理

《指导意见》在总结有效做法的基础上，要求各地建立健全项目库，严把项目入库质量，夯实项目施工准备，加快前期工作进度，确保项目有序推进。同时，要求各地加快资金下达，落实资金绩效管理要求，加强跟踪督促，及时发现问题和改进工作，确保资金使用效益，进一步细化衔接资金政策。

第三节　深化农村改革

党的十八大以来，农村改革深入推进，乡村活力不断增强。通过各项改革，我国初步构建起实施乡村振兴战略的"四梁八柱"，为实施乡村振兴战略提供了制度和政策保障。

一、土地制度改革

土地制度改革是农村改革的基石。深化农村改革以处理好农民和土地关系为主线，形成了一批成熟定型、管根本利长远的制度成果。

1. "三权分置"下的市场化流转

"三权分置"是十八大以来农村土地改革的核心内容之一，是促进农村规模化现代化生产重要的底层制度基础，将土地承包经营权再行分为承包权和经营权，承包权与农村集体经济组织成员的身份权严格挂钩，保障农村集体经济组织成员人人平等，在农村集体经济组织内以有限方式流转，而经营权则不以农村集体经济组织成员身份为限，突破农村集体经济组织范围流转，保障土地高效利用，市场化原则下以更为全面和灵活的方式流转。

三权分置可以进一步激活土地使用权的价值，便于将零碎的土地集中起来进行大规模机械化生产，提高土地的使用效率，三权分置下市场化流转的关键在于对集体土地所有权、集体经济组织成员土地承包权和土地经营权三权明确的界定和保护。《中华人民共和国民法典》（以下简称《民法典》）加入了"三权分置"的相关规定，明确了法律对土地经营权的认可和保护，理顺了三权的关系，为接下来三权分置下市场化流转改革的深入和具体落实提供了法律保障。

2. 宅基地制度改革

《民法典》和《土地管理法》都没有在宅基地制度上有实质性的突破，目前的宅基地制度改革仍在各地试点阶段。我国宅基地制度是计划经济思维的配给制，一方面，农民对宅基地享有依成员资格无偿取得的分配权、占有权和房屋所有权，只要是集体成员，当要成家立户时，都可以分得一块宅基地；另一方面，整个乡村的宅基地不可交易，农民没有收益权、出租权、抵押权和转让权，使用效率低下，且几乎没有经济价值，是对农村土地资源的巨大浪费。

但是由于宅基地制度关系到农民的生存问题，与农民的集体经济组织成员资格认定紧密联系，事关农民重要基本民事权利，其社会价值远远大于经济价值。在相关制度改革没有到位的前提下，擅自进行宅基地有偿使用、交易流转等改革，极易导致社会动荡和矛盾激化，因此决策层对宅基地制度改革非常谨慎。

2020年6月30日，中央全面深化改革委员会第十四次会议审议通过《深化农村宅基地制度改革试点方案》，由农业农村部农村合作经济指导司指导各地有序开展宅基地制度改革试点指导评估工作。

2021年中央一号文件提出，稳慎推进农村宅基地制度改革试点，探索宅基地所有权、资格权、使用权分置有效实现形式。"宅基地三权分置"主要包括以下内容，如图1-9所示。

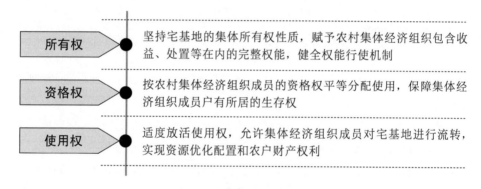

图1-9 宅基地三权分置

而适度放活使用权需要建立健全两项制度：一是建设农村产权流转交易市场，探索放活宅基地使用权多种路径；二是结合宅基地有偿使用、自愿有偿退出等改革事项，打通宅基地与集体建设用地转换通道，完善盘活闲置宅基地和农房的政策体系，赋予利用主体完整的权能。

目前已完成土地确权的地区，按照房屋与宅基地"房地一体"原则发放使用权证书，对于宅基地使用权的流转，各地仍在探索中。

比如，对于宅基地使用权的继承，规定户口已迁走的农村集体经济组织成员，无权继承农村宅基地的使用权，但因为其有继承宅基地之上建筑物的权利，可以基于房屋所有权而继续使用宅基地，但不得对房屋进行翻建、改建、扩建等行为，如果房屋损毁、灭失，宅基地使用权将被农村集体经济组织收回。

对于宅基地使用权的转让，规定按照自愿原则，可以在农村集体内部流转，但不允许把宅基地和房屋出售给城镇居民，以及本村集体之外的其他村民。城镇居民购买宅基地不予确权登记，违规建造的房屋依法进行拆除，宅基地使用权收回农村集体经济组织。以往存量的小产权房不予确权登记等。而对于宅基地使用权在农村集体经济组织之外市场化流转，单一转让宅基地使用权等问题，目前有一些尝试，但还没有形成可推广的制度。

3.农村集体经营性建设用地入市

《土地管理法》及《土地管理法实施条例》规定了农村集体经营性建设用地入市的内容，是对长期以来城乡建设用地二元分化制度的一大突破，解除了农村集体经营性建设用地入市的限制，并且明确了入市的条件，实现了城乡建设用地的同地同权、平等入市、公平竞争，极大地激活了农村建设用地的潜在价值。但农村集体经营性建设用地入市的具体操作细节，仍在各地试点阶段，部分地方颁布了实施细则，在入市主体、审批、入市途径和收益管理等方面进行探索。

二、产权制度改革

农村集体产权制度改革，是涉及农村基本经营制度和中国基本经济制度的一件大事，也是全面深化农村改革的重大任务。

1.推进农村集体产权制度改革有必然性

无论从保护的角度，还是从发展的角度，或是从理论的角度看，推进农村集体产权制度改革都是历史的必然要求，具体如图1-10所示。

产权保护的需要

社会发展的需要

完善双层经营体制的需要

图1-10 推进农村集体产权制度改革有必然性

（1）产权保护的需要。农村集体资产是农业农村发展的重要物质基础和动力来源。一方面，要发展壮大集体经济，增强农业农村发展活力，迫切需要推进农村集体产权制度改革，管好用好集体资产，促进资产保值增值，形成归属清晰、权能完整、流转顺畅、保护严格的集体产权制度，建立符合市场经济要求的集体经济运行新机制。另一方面，随着农村集体资产规模日益庞大，如果不尽早将其确权到户，就会存在流失或者被侵占的危险；如果不抓紧推进产权制度改革，就会错过历史的重要机遇，可能再过若干年，集体资产的主人是谁、边界范围有多大都搞不清楚，这显然不利于农村社会经济的稳定和发展。因此，改革农村集体产权制度，十分必要，也十分紧迫。但要认识到，无论怎么改，都不能把集体经济改弱了、改小了、改垮了，不能把农民的财产权利改虚了、改少了、改没了。

（2）社会发展的需要。全面建成小康社会，关键在于增加农民收入。改革农村集体产权制度，对于农民增收意义重大。从权利看，绝大多数私有制国家的农民只有一个土地权利，而中国农民则有两个权利：一个是家庭拥有承包地带来的土地权利；另一个是集体所有资产带来的财产权利。如果说，开展土地制度改革，给了农民一家一户一块土地的权利；那么推进产权制度改革，就是赋予农民一家一户相应的集体资产权利，让农民真正分享集体资产的收益。从收入看，农民收入的四大构成中，现阶段财产性收入比例较低，仅为3%～4%，增长的潜力和空间很大。一些地方的实践证明，通过推进农村集体产权制度改革，将集体资产确权到户，集体收益按股份或按份额分红，农民就能尝到改革的甜头。比如，先行改革的广东南海、上海闵行区，在农民收入构成中，股份分红的财产性收入已占到了农民可支配收入的20%左右。

（3）完善双层经营体制的需要。统分结合的双层经营体制是具有中国特色的农村基本经营制度。目前，家庭经营的积极性已得到了充分调动，但集体统一经营的功能发挥得还不够，模式和经验还不多，需要对其有效实现形式进行深入探索。当前推进农村集体产权制度改革，则为探索集体经济有效实现形式提供了一种新路径。从以前的集体所有、集体统一经营，到现在的集体所有、股份合作经营，不仅是一种经营方式的转变，更是一种可以在更大范围推广的实现形式革新，是一项管长远、管根本、管全局的重大制度创设。可以讲，农村集体产权制度改革真正体现了中国特色，是具有"四梁八柱"性质的重大改革，对于完善农村基本经营制度具有重要理论和现实意义。

2. 明确农村集体产权制度改革的时间表

2016年12月，党中央、国务院印发《关于稳步推进农村集体产权制度改革的意见》（以下简称《产权改革意见》），提出"3年基本完成集体资产清产核资、5年基本完成经营性资产股份合作制改革"。

2022年中央一号文件明确提出，今年，我国将巩固提升农村集体产权制度改革成果。农村集体产权制度改革，是我国农村改革中重大制度创新。

2017年以来，农业农村部与16个联席会议成员单位，先后部署5批试点，覆盖全国所有涉农县市区。截至2022年2月，改革阶段性任务已基本完成。一是明晰农村产权归属，全面完成农村集体资产清产核资，清查核实农村集体资产7.7万亿元，集体土地等资源65.5亿亩。村村有了一本"明白账"，有效防止了集体资产被平调、侵占。二是全面确认农村集体经济组织成员身份，共确认集体成员9亿人。三是稳步推进经营性资产股份合作制改革，这是改革最突出的亮点。四是因地制宜发展新型农村集体经济，这是改革重要的目的。

数据平台

截至2022年2月，全国乡镇、村、组三级共建立组织约96万个，全部在农业农村部门注册登记，领到《农村集体经济组织登记证书》，为集体经济组织参与市场经营活动提供了保障。

3.抓住农村集体产权制度改革的关键点

农村集体产权制度改革涉及面广、十分复杂，推进这项改革，需要抓住改革的重点环节，解决改革的关键问题，具体如图1-11所示。

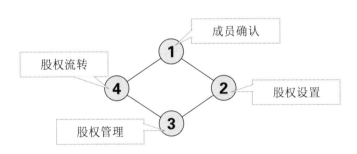

图1-11　农村集体产权制度改革的关键点

（1）成员确认。相比土地承包到户的权利主体确认，这次改革的成员身份确认更是一个难题。需要开展经营性资产改革的地区，往往是经营性资产积累比较多的村镇，也恰恰是人员流动最频繁、户籍人口与常住人口最不一致的地区。科学确认成员身份，不仅涉及农民的财产权益，更是事关农村社会和谐稳定的大事。为此，中央要求按照尊重历史、兼顾现实、程序规范、群众认可的原则，做好成员身份确认工作，既要维护多数人的利益，又要照顾少数人的权利。

（2）股权设置。从各地实践看，集体资产股权主要有成员股和集体股两种类型。一些村干部希望改革后保留一块集体股，以解决可能存在的集体债务和公共支出，而多数群众希望改革不留尾巴，不再保留集体股，以免今后围绕集体股产生新的矛盾。因此，中央明确提出，股权设置要由集体成员民主讨论决定，但总的原则是以成员股为主。

（3）股权管理。股权管理问题的核心在于，是实行随人口变动而调整股权的动态管理，还是实行不随人口变动调整股权的静态管理。从地方实践看，大部分完成改革的地区实行的是静态管理，也就是说，生不增、死不减，入不增、出不减。

比如，广东南海提出了"确权到户、户内共享、社内流转、长久不变"的股权管理办法，明确今后新增人员只能分享户内股权，集体经济组织总股权数不随人员增减而变动。

从制度设计看，各类集体资产的产权制度安排应当相互衔接，由于农民的土地承包关系要求保持长久不变，那么集体资产股权关系也应当实行长久不变。正是基于以上考虑，中央提倡实行不随人口增减变动而调整的股权管理方式，但具体是选择动态还是静态，要由群众民主决定。

（4）股权流转。长期以来，各方面对于股权流转范围是实行封闭状态还是开放状态，一直没有定论。《产权改革意见》出台后，社会上又出现了一些新的声音，认为改革后城里人就可以去农村买地买房了。对此要坚决予以澄清。经营性资产的股份合作制改革，不同于工商企业的股份制改造，坚持成员集体所有，实行封闭型管理，是这次改革的典型特征。为了维护农村集体经济的社区性，防止外部资本侵占集体资产，中央明确了两点要求，即改革的范围严格限定在集体经济组织内部，股权的流转不能突破集体经济组织的范围。这两点要求是符合现阶段农村实际的，改革中一定要坚定不移地执行。

三、经营体系改革

经营体系创新是农村改革的着力点。伴随新型农业经营体系加快构建，农民合作社和家庭农场持续健康发展，带动广大小农户走上现代农业发展轨道。

 数据平台

第三次农业普查数据显示，我国约有 2.07 亿农业经营户，小农户数量占 98.1%。截至 2021 年 12 月底，全国依法登记的农民合作社达 221.6 万家，辐射带动近一半农户。农民合作社依法自愿组建联合社 1.4 万家，社均带动 17 个单体合作社。纳入全国家庭农场名录系统的家庭农场超过 390 万个，经营土地达 4.7 亿亩，场均规模 134.3 亩。

　　小规模家庭经营是农业的本源性制度，小农户过去、现在、未来都是我国农业生产的主要力量。

　　走中国特色社会主义乡村振兴道路，走中国特色农业现代化道路，最大的特色就在于小农户众多并将长期存在，把小农户引入现代农业发展轨道，是实现农业农村现代化必须首先正视和妥善解决的一个根本性问题。

　　为促进小农户和现代农业发展有机衔接，中央和各地各部门出台多项政策，加大了对家庭农场、农民合作社等新型农业经营主体和社会化服务组织的支持力度，成效显著。

　　在改革中，要注意图1-12所示的三点。

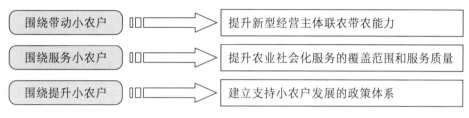

图1-12　经营体系改革要点

　　要在稳定耕地地力补贴、农机购置补贴、生产者补贴等普惠性补贴政策基础上，创新补贴机制、提高补贴效能，加大对农民技能提升、生产设施条件改善、抗风险能力增强、生态保护补偿等方面政策支持，支持小农户参与农业多种功能、乡村多元价值开发，发展农文、农旅结合等乡村产业。

第二章

保障供给：
筑牢农业安全基石

引言：

　　手中有粮，心中不慌。重要农产品包含水稻、小麦、玉米、大豆、食用油、棉花、食糖等关系国计民生的农产品。乡村特有的功能之一，就是保证国家粮食安全和重要农产品的有效供给。这个功能是城镇所不具备的，城镇聚集的人口越多，乡村这一功能就越重要。中国虽然自古以来就是农业大国，重农固本，但也是世界上第一大粮食进口国，约五分之一的农产品需要从国外进口，粮食供给不仅仅是经济学的资源配置问题，更是事关国家稳定、国家安全的根本问题。

　　综观全球百年变局，中美贸易摩擦不断升级，国际市场呈现出越来越多的不确定性，我国由延续多年的外需导向型经济转入内需导向型经济，迈入以国内大循环为主体、国际国内双循环新阶段，保障重要农产品的有效供给，是应对全球化挑战的重要基石，也是全面推进乡村振兴的重中之重。

第一节　稳定粮食生产

国无农不稳，民无粮不安，粮食产业是乡村振兴的基础。实施乡村振兴战略，必须把确保重要农产品特别是粮食供给作为首要任务，把提高农业综合生产能力放在更加突出的位置，把"藏粮于地、藏粮于技"真正落实到位。

一、粮食产业状况

改革开放以来，随着我国人口增加、城镇化持续推进、人民群众生活质量提升和城乡居民消费结构不断升级，肉蛋奶等副食品消费持续增加，带动粮食需求不断扩大，粮食需求总量呈刚性增长趋势。

 数据平台

1978年，我国城镇和农村居民人均主要肉类、禽类、鲜蛋消费量分别为13.7千克、1.0千克、3.7千克和5.2千克、0.3千克、0.8千克。2020年，我国城镇和农村居民人均肉类、禽类、蛋类消费量分别上升至27.4千克、13.0千克、13.5千克和21.4千克、12.4千克、11.8千克，均较改革开放之初大幅增加。

由于每生产1千克肉、禽、蛋、奶等动物性食品都需要几千克的粮食，因此，居民对肉、禽、蛋、奶需求的增加也带动了对饲料用粮需求的持续增加。

近年来，我国粮食生产成效显著，口粮自给率达到100%，人均粮食占有量高于人均400千克的国际粮食安全标准线。

 数据平台

国家统计局公布的全国粮食生产数据显示，2021年全国粮食总产量13657亿斤，比2020年增加267亿斤，增长2.0%，全年粮食产量再创新高，连续7年保持在1.3万亿斤以上。其中，秋粮产量10178亿斤，比上年增加191亿斤，增长1.9%。

2021年，我国粮食产量实现"十八连丰"，但应清醒认识到，我国粮食供求仍处于紧平衡状态。粮食品种结构上，稻谷和小麦两个主粮品种产量总体稳定、平衡有余，玉米存在产需缺口，大豆缺口较大，需大量进口。粮食生产区域结构上，粮食主产省份中粮食净调出的省份数量减少，产销平衡区和主销区粮食自给率下滑，粮食生产呈现进一步向主产区集中的趋势。进口持续增加，特别是产需矛盾大的大豆年度进口量持续保持高位，呈现出进口区域集中、进口渠道单一等特点。

二、粮食供需环境及生产目标

目前，国内外的粮食供需环境已经发生了深刻的变化。

1.国际环境的影响

从国际环境看，气候变迁对粮食主要生产国的影响越来越大。另外，经济通胀的预期也在抬高国际粮食价格，这些因素对全球粮食供应链带来了极大挑战。

2.国内环境的影响

从国内环境来看，我国粮食供给紧平衡的态势也并没有发生改变。在"十四五"期间，随着三胎政策放开，人口增长或将来临，同时，消费增长也将带动粮食需求的刚性增长。

3.生长条件的影响

从生产条件来看，限制粮食生产的不利条件也一直存在。

（1）耕地面积有限，在保障主粮绝对安全的前提下，大豆等依赖进口。

（2）气候条件带来的限制，2021年我国河北、山西、山东、河南、陕西等省份因为遭遇罕见秋汛，导致1.1亿亩冬小麦晚播种了半个月左右，占到了小麦播种面积的1/3。

2021年以来，在宽松货币政策等因素的影响之下，很多国家的物价水平出现上涨，反观国内物价水平一直处在平稳状态，其中一个很重要的原因，就是保障了粮食等供应的稳定。因此，我们需要从整个供应链的角度认识内外环境的变化，以国内的稳定性来抵抗外部的不确定性。如何确保国内的稳定性？可以说，保证粮食产量在1.3万亿斤以上，是保障国内粮食安全的底线。

我国粮食产量已连续7年稳定在1.3万亿斤以上，粮食供给总量充足、库存充裕。在国际粮食价格大幅上涨、疫情灾情叠加影响的背景下，我国粮食价格保持基本稳定，市场运行平稳。这充分表明，我国粮食安全是有保障的，我们完全有能力、有信心靠自己端牢我们的饭碗！

三、稳定粮食播种面积

2022年3月10日，国家发展改革委员会发布《关于进一步做好粮食和大豆等重要农产品生产相关工作的通知》，要求牢牢守住保障国家粮食安全这一底线，全面落实粮食安全党政同责，严格粮食安全责任制考核，稳定粮食播种面积，具体要求如图2-1所示。

要求一	主产区要不断提高粮食综合生产能力，主销区要切实稳定和提高粮食自给率，产销平衡区要确保粮食基本自给。着力调整和优化农业产业结构，提高粮食产业发展质量
要求二	黄淮海等冬小麦主产区重点要应对小麦晚播等不利影响，配合有关部门加强春季田间管理，促进弱苗转壮
要求三	双季稻主产区要大力开展集中育秧、机插机播等社会化服务，切实稳住早稻面积
要求四	东北地区要统筹处理好大豆和玉米的关系，科学安排种植结构，发挥好国家粮食安全"压舱石"作用
要求五	西南地区要努力挖掘撂荒地潜力，着力扩大玉米种植面积
要求六	西北地区要努力稳定和扩大春小麦面积，提高粮食产量

图2-1　稳定粮食播种面积的要求

四、调动农民种粮积极性

农民是种粮的主体，农民种粮能赚钱，国家粮食就安全。2022年要推动健全农民种粮收益保障机制，力争做到政策保本、经营增效。

1.政策方面

政策上，要适当提高稻谷、小麦最低收购价，稳定玉米、大豆生产者补贴和稻谷补贴政策，实现三大粮食作物完全成本保险和种植收入保险主产省产粮大县全覆盖。

2.经营方面

经营上，聚焦关键薄弱环节和小农户，加快发展农业社会化服务，支持农业服务公司、农民合作社、农村集体经济组织、基层供销合作社等各类主体大力发展单环节、多环节、全程生产托管服务，开展订单农业、加工物流、产品营销等，提高种粮综合效益，让种粮农民不吃亏、有钱挣，尽可能多得利。

支持家庭农场、农民合作社、农业产业化龙头企业多种粮、种好粮。要加大产粮大县奖励力度，创新粮食产销区合作机制，调动主产区抓粮积极性。

第二节　提升大豆和油料产能

2021年底召开的中央农村工作会议提出，要实打实地调整结构，扩种大豆和油料，见到可考核的成效。目前，各地通过推广玉米大豆带状复合种植等技术，最大限度增加大豆种植面积，挖掘增产增收潜力。

一、大豆是我国第四大粮食作物

在很多人眼中，大豆主要用来榨油，副产品豆粕则主要用来做饲料。其实，大豆并不属于油料作物，而是排在水稻、玉米、小麦之后的第四大粮食作物。

数据平台

据2022年1月农业农村部印发的《"十四五"全国种植业发展规划》，2020年，全国水稻播种面积4.51亿亩、产量4237亿斤；小麦播种面积3.51亿亩、产量2685亿斤；玉米播种面积6.2亿亩、产量5213亿斤；大豆播种面积1.48亿亩、产量1960万吨（392亿斤）。

通过上面的数据不难看出，大豆是第四大主粮，其产量也超过了近年来被列入主粮的马铃薯。

二、大豆的重要功能

大豆除了作为豆制品直接食用，更重要的一个功能，就是肉蛋奶等动物蛋白生产的重要原料，具体如图2-2所示。

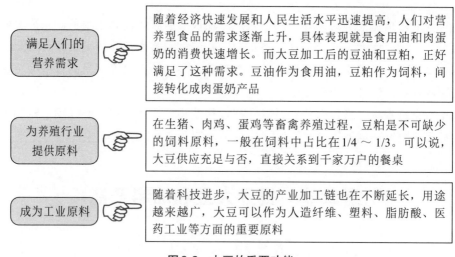

图2-2　大豆的重要功能

三、挖掘潜力扩种大豆

近30年来，我国对饲用蛋白和植物油脂的需求量迅速攀升，但由于耕地资源有限，难以扩大大豆种植面积，供求缺口不断扩大，只好通过大量进口来满足市场对饼粕和油脂的需求，我国也成为世界最大的大豆进口国和加工国。

尽管我国国内大豆产量不低，但是远远不能满足国内市场需求。

据统计，去年国内大豆产量仅有1640万吨，进口量9651.8万吨，进口依存度为85.5%。从大豆用途方面来讲，当前国产大豆主要用于食品加工，进口大豆主要用来榨油。

大豆在我国广泛种植，因种植方式因地而异，多种多样，目前主要有单作、间套作和轮作等。结合不同区域资源禀赋、气候条件以及区位优势等条件。2022年中央一号文件提出如图2-3所示要求。

一二十年前，在黄淮海玉米产区，很多地块都会套种大豆。后来，因为管理、机收不配套等因素，种植户为了机种机收省事，逐渐放弃玉米大豆套种的种植方式。近年来，国内多地开始探索玉米大豆带状复合种植技术。

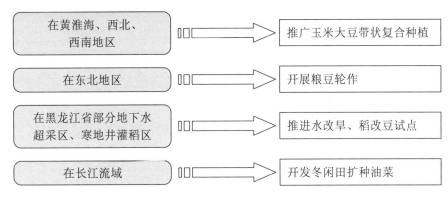

图2-3 2022年中央一号文件的要求

比如，德州禹城市，探索出"四二式"玉米大豆带状复合种植方式，也就是种植4行大豆、带2行玉米的带状复合种植模式，该模式通过落实"选品种、扩行距、缩株距"技术，实现良种良法配套、农机农艺结合，在玉米基本不减产的情况下，每亩地增产大豆200多斤，增收200～300元。

2022年1月印发的《"十四五"全国种植业发展规划》提出，到2025年，推广大豆玉米带状复合种植面积5000万亩（折合大豆面积2500万亩），扩大轮作规模，开发盐碱地种大豆，力争大豆播种面积达到1.6亿亩左右，产量达到2300万吨左右，推动提升大豆自给率。

四、全力抓好油料生产

油料作物是食用油脂和饲料蛋白的重要来源。我国是全球油料生产、消费和贸易大国，在国内，油料种植规模仅次于粮食，进口量在大宗农产品中最大。

1.油料产业状况

我国植物油料油脂来源十分广泛，目前主要有三大来源：油菜、大豆、花生、向日葵、芝麻、胡麻等草本油料作物；山茶籽、核桃、油橄榄等木本油料；玉米胚芽油、米糠油、棉籽油等兼用型油源。其中，草本和木本油料除提供油脂外，还是蛋白质和多种微量元素的重要来源。

近年来我国油料生产稳定发展，产业布局进一步优化。"十三五"时期末，我国油料生产达到历史新高。

数据平台

　　国家统计局数据显示，2020 年全国油料作物（含油菜、大豆、花生、向日葵、芝麻、胡麻）种植面积达到 3.47 亿亩，比 2015 年增长 14.74%；总产量达到 5546.58 万吨，比 2015 年增长 19.87%。其中，油菜面积 10147.1 万亩，总产量 1404.91 万吨；大豆 14733.8 万亩，总产量 1960.18 万吨；花生 7096.2 万亩，总产量 1799.27 万吨；特色油料中芝麻种植面积和总产量稳中有增，向日葵和胡麻种植面积以及总产量小幅下降。

　　从生产规模看，全国油料作物种植面积在规模上仅次于水稻、玉米、小麦三大谷类粮食作物。从品种看，全国油菜、大豆和花生三者种植面积与总产量之和均占油料作物 90% 以上，是油料生产和利用的主体。从品质看，各种油料均培育出高含油量品种，大豆和花生培育出高蛋白品种，油菜和花生培育出高油酸品种。从产区分布看，长江流域的冬油菜、东北地区的大豆、黄淮地区的花生、北方干旱盐碱地区的向日葵，是油料作物种植的集中产区和优势产区。

　　除上述主要草本油料作物外，近几年我国木本油料生产也有较大发展，2020 年木本油料种植面积达 1.78 亿亩，总产量达 500 多万吨，其中核桃和油茶规模较大。同时，随着粮食和棉花生产的发展，以及农产品精深加工规模的扩大和加工技术改进，国内玉米胚芽油、米糠油等兼用型油脂产能增长较大。

 数据平台

　　国产植物油（国内原料国内压榨的油脂）产量稳中有增，2020 年达到 1223 万吨，其中草本油料作物产油量合计 924 万吨，占国产植物油产量的 75.55%；木本油料产油量合计 68 万吨，占 5.56%；兼用型油源产油量合计 231 万吨，占 18.89%。在大宗油料中，油菜籽除种子外全部用于榨油；花生总产量中用于榨油的比例约为 52%（其余包括多样化食用、种子、出口）；国产大豆榨油比例不到总产量的 20%（主体为食用）；国内特色油料（向日葵、芝麻、胡麻）中，胡麻的油用比例较高。

2.发展油料产业的战略意义

尽管我国油料生产总体保持增长趋势，但消费需求增长更快，油料产品自给率不断下降、油料进口风险不断上升，发展油料产业有多方面战略意义，具体如图2-4所示。

1 保障市场供给，满足庞大人口不断增长的食用油及蛋白质消费需求

2 增加蛋白饲料供给，促进畜牧养殖业健康发展

3 推动油料与粮食作物规模化合理轮作、培肥地力，确保国家粮食安全

4 扩大城乡居民就业，增加居民收入，推动乡村振兴

5 应对农产品国际贸易日益激烈的竞争和风险挑战

图2-4 发展油料产业的战略意义

3.提升油料生产能力的措施

切实提升国产油料自主生产能力，需要多方面合力推进，具体措施如图2-5所示。

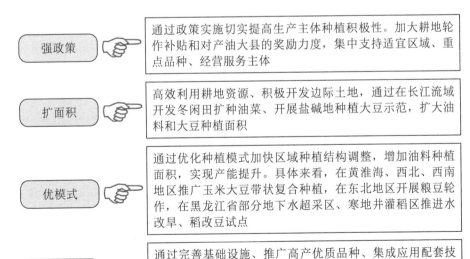

强政策	通过政策实施切实提高生产主体种植积极性。加大耕地轮作补贴和对产油大县的奖励力度，集中支持适宜区域、重点品种、经营服务主体
扩面积	高效利用耕地资源、积极开发边际土地，通过在长江流域开发冬闲田扩种油菜、开展盐碱地种植大豆示范，扩大油料和大豆种植面积
优模式	通过优化种植模式加快区域种植结构调整，增加油料种植面积，实现产能提升。具体来看，在黄淮海、西北、西南地区推广玉米大豆带状复合种植，在东北地区开展粮豆轮作，在黑龙江省部分地下水超采区、寒地井灌稻区推进水改旱、稻改豆试点
提效率	通过完善基础设施、推广高产优质品种、集成应用配套技术、提升机械化水平等措施，切实提高油料单产水平，降低生产成本，提高产业竞争力

图2-5 提升油料生产能力的措施

第三节 保障"菜篮子"产品供给

一、强化"菜篮子"产品生产

（1）合理安排蔬菜熟期品种和上市茬口，推动大中城市发展速生叶菜、芽苗菜，增加市场供给。

（2）保障出栏畜禽、出塘水产品正常运销秩序，畅通种畜禽（苗）、饲料等供应运输和蜜蜂养殖转场，引导规模经营主体开展互助合作、互换用工，确保生产及采收。

二、做好"菜篮子"产品产销对接

推动大中城市与主产区建立稳定的产销合作关系，组织批发市场、商超企业等主体与生产基地直接对接，稳定货源、顺畅产销。对囤积居奇、哄抬物价、恶意炒作等行为坚决予以打击。

三、压实"菜篮子"市长负责制

"菜篮子"市长负责制指地方各级人民政府特别是地市级人民政府负责辖区内蔬菜、肉蛋奶、水产品等供应，统筹抓好生产发展、产销衔接、流通运输、市场调控、质量安全、保供稳价等工作。

发挥"菜篮子"市长负责制考核指挥棒作用，将保障供给作为重要考核内容，以考核促保供、畅流通、稳市场，保证"菜篮子"产品充足供应。

"菜篮子"市长负责制考核，主要考核"菜篮子"产品的五个方面，如图2-6所示。

图2-6 "菜篮子"市长负责制考核的内容

第四节　统筹做好重要农产品调控

我国粮食供求将长期保持紧平衡态势，必须加强粮食生产、收购、储存、加工、销售各环节有机衔接，健全完善粮食市场调控体系，提高收储调控的科学性和精准性，推动供求平衡向更高水平提升。

一、重要农产品调控的现实背景

1.外围环境的变化

外围环境变化较大，农产品价格影响因素增多，重要农产品价格波动频率和幅度增大。新冠肺炎疫情发生以来，全球经济增长速度下降，削弱大宗农产品消费和居民收入增长。为应对经济疲软，各国纷纷出台宽松的货币政策，带动原油和大宗农产品价格上涨。小麦、玉米、大豆、食用油、棉花、食糖等产品价格都出现了明显上涨。部分国家对农产品贸易设置障碍，影响全球农产品贸易。

此外，在疫情的冲击下，国际海运系统正在面临几十年来的最大危机，海运价格不断攀升，运输成本大幅上涨。国际大宗农产品供应链运行脆弱，国际贸易循环受阻，主要经济体和国家政策都显著影响农产品价格，加大农产品价格风险。

2.极端天气的影响

各种极端天气出现频率增加，对农产品供应造成较大威胁。近些年，极端天气出现的频率呈加强趋势。如2021年以来全球不同地方出现较大程度的干旱、暴雨，热带气旋活动，"拉尼娜""厄尔尼诺"现象交替甚至同时出现。2021年入秋以来，我国山西、陕西、河北、山东、河南等省持续阴雨，当季作物受灾减产，收获推迟，冬小麦大面积晚播。

3.我国重要农产品供需不平衡

我国粮食等重要农产品生产的基础仍不稳定，重要农产品生产基础脆弱的现状没有根本改善，结构性矛盾还没有得到有效解决，个别品种总量不足、总量紧平衡的问题又重新出现。供应链环节、自然灾害、不利气候、产业政策稍微有点波动就会引起较大反应。

二、健全农产品全产业链监测预警体系

农产品安全一直是消费者首要关注的问题，保障农产品质量安全就要从农产品流通的全链条入手。目前，我国产地农产品质量安全追溯体系建设工作已经取得阶段性成效。

1.完善全产业链质量安全追溯体系的意义

农产品质量安全涉及"从田间到餐桌"的整个供应链，包括如图2-7所示的多个环节。

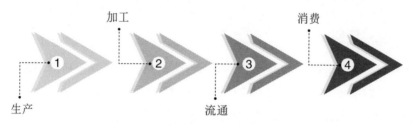

图2-7　农产品质量安全涉及的环节

农产品质量安全追溯，是采集记录农产品生产、加工、流通、消费等环节信息，实现来源可查、去向可追、责任可究，强化全过程农产品质量安全管理与风险控制的有效措施。同时，健全全产业链质量安全追溯体系有助于增强消费者对我国农产品的信心、提高农产品生产经营者管理水平、提高职能部门农产品质量安全监管水平、提高我国农产品的国际竞争力，同时为我国农业的标准化、规模化和产业化提供支持。

目前，经过政府各部门和企业多年的建设积累，我国农产品质量安全追溯已经有了很好的产业和技术基础，也建成了国家农产品质量安全追溯管理信息平台，具备了整合和体系化建设的基础。2022年，"完善全产业链质量安全追溯体系"被写进中央一号文件，提出需要对农产品全产业链进行监测和预警，利用互联网信息技术等对农产品生产、流通和消费全产业链进行大数据分析和评估，在出现风险时进行预警并提出解决方案，从而保持农业全产业链的稳定性。

　**数据平台**

截至2022年2月，国家农产品质量安全追溯平台上注册的主体已达29万多家，产地环节农产品生产经营主体实施追溯管理的规模已达50万家，产地规模以上生产主体超过10%都已经纳入农产品质量安全追溯体系管理中。

2.建设农产品全产业链监测预警体系的三个关键点

农产品全产业链监测预警体系建设是一项大的系统工程。总的来说，农产品全产业链监测预警体系建设有图2-8所示的三个关键点。

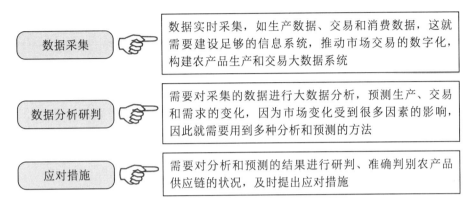

图2-8　农产品全产业链监测预警体系建设的关键点

目前，我国正在围绕重点农产品，如小麦、水稻、苹果、茶、肉鸡、禽蛋、生猪、羊、肉牛、鱼及饲料、农资等多个单品种着手建设全产业链大数据，建立生产、加工、储运、销售、消费、贸易等环节的数据挖掘和分析服务模型，健全重要农产品市场和产业损害监测预警体系。

三、深化粮食购销领域监管体制机制改革

深化粮食购销领域监管体制机制改革，开展专项整治，依法从严惩治系统性腐败。

1.建设智能粮库

近年来，我国强化政府储备粮管理，推进高标准粮库建设，广泛推广绿色储粮技术，提升储备粮管理水平，确保储备粮数量真实、质量良好，确保在关键时刻调得动、用得上。

例如，中央储备粮吉林榆树直属库的一个粮仓内散发出淡淡的玉米清香，该粮库采用智能通风、保温隔热、电子测温等绿色储粮新技术，实现了安全储粮、绿色储粮、智慧储粮。

2.加强中央储备粮管理

充足的粮食储备是粮食应急保障体系得以发挥作用的物质基础。党的十八大以

来，我国在推动粮食收储市场化改革的同时，加快创新完善粮食储备管理体制机制，实行政府储备规模动态调整，优化储备粮品种结构和区域布局，并根据需要适时适度增储。强化各级储备协同运作，建立企业社会责任储备，推动形成政府储备与企业储备功能互补、协同高效的新格局。政策性库存进一步充实，企业商品库存增加较多，具有如图2-9所示的意义。

意义

反映了企业防范风险意识和市场经营能力不断提高，保障粮食安全的层次更加丰富

体现了粮食库存结构更加优化、市场调控和供应保障能力持续增强

图2-9　企业商品库存增多的意义

3.加大粮食流通领域反腐败力度

为打击"粮耗子"，近年来加大粮食流通领域反腐败力度，深化粮食购销领域监管体制机制改革，依靠制度机制和科技手段实现全程动态实时监控和穿透式监管。

2021年6月，国家粮食和物资储备局启动为期半年的全国粮食流通"亮剑2021"专项执法行动，对违反政策纪律、损害国家利益、坑害种粮农民和消费者的行为，发现一起严查一起，以良法善治推动形成"大国粮仓"强监管新格局，切实保护种粮农民和消费者合法权益，保障国家粮食安全。

四、严格控制以玉米为原料的燃料乙醇加工

从"适度发展"到"严格控制"，政府对燃料乙醇态度变化的背后，是国内玉米市场发生了由供过于求到供不应求的显著变化。

1.玉米供求关系演变

玉米的供求关系，在最近十多年中，可谓是一波三折。从2004年到2008年，玉米逐渐供过于求。2008年9月，随着新玉米逐步上市，价格下行压力较大，而同期国际市场玉米价格也加速下跌。当时，出于稳定市场、保护农民利益和种粮积极性的综合考虑，国家启动玉米临时收储政策。受益于托市收购，且收购价上涨明显，玉米库存高企。

为了解决阶段性供大于求问题，国内开始推行农业供给侧结构性改革。2016年，国家取消了执行了8年的玉米临时收储政策，同时调减"镰刀湾"地区玉米种植面积，玉米产量连续4年减少。与此同时，玉米的加工转化市场活跃，饲料行业由弱转强，淀粉加工总体扩张，特别是玉米燃料乙醇加工转化能力扩张较快。

为了加快消化库存玉米，2017年9月，国务院办公厅，国家发展改革委等十五部委先后发文，提出适度发展粮食燃料乙醇，出台《关于扩大生物燃料乙醇生产和推广使用车用乙醇汽油的实施方案》（以下简称《方案》）。从指导思想和基本原则上，《方案》实施的基础和前提是"保障国家粮食安全"，避免出现"与人争粮""与粮争地"问题，同时提出了"着力处理超期超标粮食，增强粮食市场调控能力和提升质量安全水平，适度发展粮食燃料乙醇，科学合理把握粮食燃料乙醇总量"等原则和要求。

然而，由于玉米去库存的速度比预想的要快，导致玉米的供求关系从前几年的过剩很快转为短缺。

2.限制玉米燃料乙醇加工产能扩张的原因

原本是陈化粮消耗渠道的燃料乙醇，在消耗完陈化粮之后，开始消耗正常玉米，叠加玉米下游饲料和深加工快速发展，2020年以来，玉米供需出现偏紧态势，玉米价格不断上涨。甚至出现玉米、小麦价格倒挂，玉米价格超过小麦价格，一些饲料企业宁愿采购小麦做原料。

这正是2022年中央一号文件"严格控制以玉米为原料的燃料乙醇加工"的背景。面对形势逆转，从2020年四季度以来，国家再次收紧玉米深加工项目审批，严格限制玉米燃料乙醇加工产能扩张，促进玉米产销平衡，保障国家粮食安全。

中国的玉米消费，主要分为饲用（60%以上）、工业消费（30%）。为了确保口粮和饲料消费需求，中国在发展玉米深加工的时候，一直坚持如图2-10所示的原则。如果玉米深加工产业过度发展，会挤占饲料玉米的正常供应，影响肉蛋奶等食品供应安全。

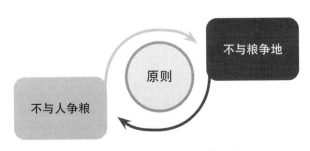

图2-10 发展玉米深加工的原则

五、做好化肥等农资市场储备调运

化肥等农资价格上涨直接推高种粮成本、减少种粮收益。预计未来一段时间，化肥等农资价格波动上涨的风险仍然较大。在国内粮食高位增产难度加大的背景下，迫切需要大力保障化肥等农资运输通畅，落实好农用化肥运价优惠政策。充分发挥供销合作社化肥流通主渠道作用，加大在重点产粮区的运销备肥力度。做好化肥进出口调控。探索采取边境贸易、以物易物等方式，增加国内紧缺品种肥料的进口量。

对于地方政府而言，可以采取图2-11所示的措施来确保农资供应货源价格稳定，助力农民增产增收。

图2-11 做好化肥等农资市场储备调运的措施

1.强化责任担当，全力以赴做好农资供应工作

地方政府应把保障农资供应、服务生产作为第一要务，扎实做好农资供应工作。积极应对当前形势，可采取随进随销、以销定进、直供直销等措施，减少中间环节，以确保农资不脱销、不断档，实行零利润销售，最大限度让利于农民。

2.积极创新农资营销、配送和服务模式

地方政府可开展电话订购、网络预约、线上指导、送肥到村入户等服务；推广使用绿色、高效新型肥料，降低用肥成本。地方政府要发挥好农资流通主渠道的示范引导作用，围绕大力推进农业现代化，积极推进"供销农资、放心农资、绿色农资"行动，深入推动传统农资流通向现代农资综合服务转型，加快构建覆盖全程、综合配套、便捷高效的农业社会化服务体系和成本低、质量优、效率高、线上线下融合的农资现代流通体系。

六、推动形成节粮减损长效机制

粮食是人类赖以生存的物质基础。当前，粮食损失浪费现象在全世界范围内普遍存在，与世界粮食安全状况恶化并存，日益受到世界各国关注。

 数据平台

2021年联合国环境规划署发布的报告显示，2019年全球食品浪费总量达到9.31亿吨，其中家庭消费占61%，零售环节占13%，加工等其他食品服务环节占26%。

据联合国粮农组织估计，中国每年在收割、运输、储备、加工过程中粮食损失浪费超过6%。如按2020年中国粮食总产量13390亿斤计算，当年损失浪费的粮食总量高达803亿斤，接近于粮食主产省安徽省全年粮食总产量。

减少粮食损失浪费，不仅能增加粮食供应数量，还能降低资源消耗、减少生产投入成本，是保障粮食安全的重要途径。从中国的经验看，保障粮食安全，必须一边增加粮食产量，一边促进节粮减损。

受资源和环境双重约束，粮食增产空间有限，节粮减损等同于增产。

 数据平台

如果按照世界粮食年产量约28亿吨计算，世界粮食损失浪费每降低1%，就相当于增加2800万吨粮食，大约可以养活7000万人。

从更深层看，粮食生产需要水、土、肥、药、种等生产要素的投入，节粮减损就是节约珍贵的水土资源，减少化肥农药等投入品的消耗，促进农业可持续发展。

世界各国粮食损失和浪费发生的环节不一样，节粮减损的方法和措施应具体情况具体分析。中国高度重视节粮减损，把推进粮食全产业链节粮减损作为保障粮食安全的重要工作之一。

近年来，中国通过深入实施优质粮食工程，持续推进粮安工程，加强粮食仓储设施建设，建立粮食产后服务中心，推广粮食产后减损技术，不断提升科学储粮减损能力。"十三五"期间，每年粮食产后流通环节减少损失约1300万吨，为维护国家粮食安全、节约资源和减少排放作出了积极贡献。

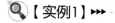【实例1】▸▸▸ ···

乡村振兴大战略下的"巨型稻"

多年前，"杂交水稻之父"袁隆平曾做过一个梦：杂交水稻的茎秆像高粱一样高，穗子像扫帚一样大，他和助手们一同在稻田里散步，在水稻下面乘凉。如今，随着"巨型稻"迎来丰收，袁隆平的"禾下乘凉梦"又近了一步。随着国家战略从精准扶贫到乡村振兴，一代又一代水稻人，不断加强农业研究，让水稻这一最重要的农产品，成为保障国家粮食安全的重要砝码。也让袁老的梦想日益成为现实。

"巨型稻"是夏新界团队历经十多年，成功培育出来的。目前，我国已在湖南、湖北、海南等地种植成功。2007年，中国科学院亚热带农业生态研究所首席研究员夏新界带领平均年龄不超过40岁的科研团队培育出湘巨1号、湘巨2号等巨型水稻。2013年在常德西洞庭种下巨型稻试验田，首次试种成功，亩产突破1000千克。2016年，夏新界带领课题组和湘丰集团合作，在长沙地区种下第一批巨型稻，挑战更高产、更优质、更高效的"巨人稻"。乡村振兴国家战略提出后，以时间为轴，巨型稻通过产量、质量的变化记录着科研团队的努力，也见证着中国水稻、农业的发展。夏新界认为："作为'父本'（参与杂交的雄性个体）材料，巨型稻的出现为水稻育种提供了一个新选择，未来有望与其他水稻杂交培育出更多水稻新品种。"

1. 何为巨型稻

巨型稻的特点在于"巨"，主要体现在其植株之巨与产量之大。巨型稻株远超普通品种的水稻，高达1.8～2.2米，和普通水稻相比，高出1米左右，单位面积生物量（生物量即单位面积上存在的有机体的干重总量或所有植物种的有机物干重总量，也称为现存量）可达40吨/公顷，为现有水稻的1.5倍以上。其产量也与"大个头"成正比，"巨型稻"杂交品种的收获指数，即稻谷重量除以水稻植株的总体生物量的比值已经提高到现有超级杂交稻水平（0.5～0.6），其理论单季产量将超过1200千克/亩（1亩=1/15公顷）。以巨型稻代表性品种"巨丰5号"为例，其株高2米以上，平均有效分蘖51个，比普通稻多2倍；单穗实粒数高达680粒，比普通稻多23倍。有实验数据显示，2017～2018年在长沙站的普通稻田和常规田间管理条件下，其单季产量稳定达到660～860千克/亩，远高于全国440余千克的平均产量和湖南当地杂交稻产量。

2.巨型稻优在何处

巨型稻以其高大的植株、庞大的产量为特点，在长期的科研考察中，巨型稻谷的优势也逐渐显露，我们将其特点归纳为以下八个方面：

（1）在高产的基础上，拥有"前所未有"的优质口感；

（2）巨型稻成熟时，籽黄叶绿，可作青储饲料，还可以使秸秆通过牲畜粪便实现过腹还田，促进农业良性循环，同时，巨型稻秸秆的高纤特点可作为造纸工业纤维原料使用，实现稻谷和秸秆的"尽其用"；

（3）适合稻田综合种养的巨型稻为现代立体农业发展提供了新路径；

（4）巨型稻对生活环境的要求并不苛刻，它耐盐碱、抗海水，是真正的海水稻；

（5）巨型稻抵御镉等重金属侵入，可降低镉含量，有利人体健康；

（6）巨型稻凭借其庞大的根系与禾菀，"反哺"土壤，有效增加土壤的有机质，改善土质；

（7）种植巨型稻还可用来打造农旅观光生态农业；

（8）巨型稻的种植就是生态固碳的可行措施，有着巨大的生态效益。

🔍【实例2】▶▶▶ ⋯⋯⋯⋯⋯⋯⋯⋯⋯⋯⋯⋯⋯⋯⋯⋯⋯⋯⋯⋯⋯⋯⋯⋯⋯⋯⋯⋯

重庆铜梁：以"菜篮子"为乡村振兴提速

重庆市铜梁区以乡村振兴为发展契机，持续加大蔬菜标准化种植技术推广力度，以质量提升和科技支撑提高单产和品质，增加绿色蔬菜的供应，注重蔬菜品牌创建。同时，铜梁区还将扩大蔬菜销售，积极促进蔬菜生产与二三产业深度融合，以产业发展带动乡村振兴。

1.大企业引领，小农户"奔"向现代化

一是落实"菜篮子"区县长负责制，成立了以区政府主要领导为组长、分管领导为副组长的"菜篮子"领导小组，每季度调度蔬菜生产保供情况，及时协调解决蔬菜生产保供中存在的问题。二是注重规划引领。将蔬菜产业纳入全区农业产业发展规划、乡村产业振兴重要内容，制定发展目标，明确推进举措，落实责任单位，引领蔬菜产业科学发展。三是严格督查考核。区政府与各镇街签订蔬菜生产目标责任书，将蔬菜生产工作纳入对各镇街年度目标考核，切实保障蔬菜生

产目标任务落实落地。

为打造重庆蔬菜保供基地，铜梁区通过政策和项目资金扶持，不断引进龙头企业并发展本地企业。截至 2021 年底，铜梁区建成标准化商品蔬菜基地 20 万亩、万亩蔬菜基地 5 个，培育 50 亩以上蔬菜种植大户 251 户、蔬菜专业合作社 142 家、龙头企业 17 家。

2. 品牌化打造，农产品"面子"靓"里子"美

立足"铜梁莲藕"地理标志农产品品牌优势，铜梁区政府制发《铜梁区加快发展莲藕产业实施方案》《铜梁区莲藕产业发展扶持政策》，每年安排财政资金 2000 万元支持莲藕产业发展。以平滩镇、土桥镇等为核心，铜梁区目前已经在 10 余个镇街发展莲藕种植 4 万亩，每年向重庆主城提供 5 万吨莲藕。其中，莲藕种植大村土桥镇六赢村和庆林村，莲藕种植面积更是达 3000 多亩，观赏荷花 500 多亩，打造了西南地区观赏莲藕种植面积最广、品种最多的荷和原乡景区，形成了一条从美食到美景的特色产业链，农产品不仅靓了"面子"，更美了"里子"。

3. 市场化运作，蔬菜成"抢手货"远销国内外

铜梁区通过多措并举保障蔬菜市场产销全链条打通。制定出台农业品牌扶持政策，鼓励蔬菜经营主体创建品牌，全区获评绿色蔬菜认证 94 个，注册蔬菜产品商标 15 个，"铜梁莲藕"获评地理标志农产品。铜梁区创新模式畅通销售渠道。积极开展农产品直销，在重庆主城及周边开设直销（配送）中心 15 个；通过农超、农企、农校等方式每年销售蔬菜超 28 万吨；推进蔬菜出口，依托御丰蔬菜专业合作社建成市级农产品出口示范基地，花菜等 37 个保鲜蔬菜出口马尔代夫等国家。

电子商务、网上交易、约定配送等新型交易业务加快兴起，开辟和延伸了新的市场空间。铜梁区蔬菜口感好、品质优、营养均衡、地域特色鲜明，一直以来都是市场上的"抢手货"，现在有了全产业链的保障，菜农根本不用担心销售问题。

在这一思想和做法的指导下，铜梁区的蔬菜基地建设取得累累硕果：蔬菜播种面积超 36.5 万亩，标准化商品蔬菜基地 20 万亩，为重庆主城和市内外周边城市供给蔬菜超 40 万吨，培育 50 亩以上蔬菜种植大户 251 户、蔬菜专业合作社 142 家。

第三章

科技强农：

聚力现代农业支撑

引言：

　　全面推进乡村振兴，农业农村现代化是必由之路。2022年中央一号文件强调，要稳住农业基本盘。稳住农业基本盘，必须强化现代农业的基础支撑，运用现代科技手段，提升农业的机械化、自动化、智能化和标准化水平，强化生物技术、工程技术和信息技术的集成运用，加强基础设施、自动化装备、数字智能化装备和生产条件的配套建设，进一步提高农业发展的规模、质量和效益，进一步提高资源利用率、劳动生产率、土地有效利用率等。通过塑造科技创新优势提高种业水平，有效应对农产品市场在品种品质上的供求变化。要以农业供给侧结构性改革为主线，加快构建现代农业产业体系、生产体系、经营体系，提高农业创新力、竞争力和全要素生产率，加快从农业大国向农业强国的转变。

　　加快农业设施建设是现代农业的发展方向，要以基础设施的现代化促进农业农村的现代化。加强水源工程建设和水源保护，健全农村供水工程建设运行和管护长效机制。因地制宜推动农村地区光伏、风电发展，加快构建以可再生能源为基础的农村清洁能源利用体系。构建农村物流骨干网络，探索推进乡村智慧物流发展。推进乡镇通三级及以上公路、自然村通硬化路，加强村组连通和村内道路建设。

第一节　严格保护耕地

耕地是粮食生产的命根子。2022年中央一号文件在耕地建设保护方面着墨较多，出台了一系列硬举措，归纳起来就是"保数量、提质量、管用途、挖潜力"。

一、保数量

保数量，就是严守18亿亩耕地红线。重点就是"三个定"，如图3-1所示。

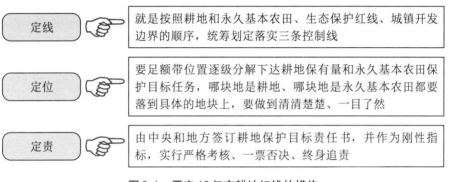

图3-1　严守18亿亩耕地红线的措施

 相关链接

18亿亩耕地红线的由来

1992～1993年，各地"开发区热"造成大量的耕地占用，当时房地产市场不健全，一年时间耕地锐减830万亩。1996年我国耕地数量19.51亿亩，到2005年下降到18.3亿亩，9年间减少了1.21亿亩。

耕地面积的急剧减少引发人们的担忧：按照这样的减少速度，中国的耕地还能不能养活中国人？因此，1998年我国修改土地管理法时，便以特殊保护耕地、严格控制建设用地为目标，制定了一系列土地用途管制制度，并对土地实行计划配置。

1997年，《关于进一步加强土地管理切实保护耕地的通知》发布，提出实施基本农田保护和耕地总量动态平衡制度。1998年，《中华人民共和国土地管理法》修订。2006年，第十届全国人大四次会议通过的《国民经济和社会发展第十一个五年规划纲要》中正式提出18亿亩耕地红线。其中强调："十八亿亩耕地是一个具有法律效力的约束性指标，是不可逾越的一道红线。"

2008年8月13日，国务院审议并原则通过《全国土地利用总体规划纲要（2006—2020年）》，对未来15年土地利用的目标和任务提出六项约束性指标和九大预期性指标，其核心是确保18亿亩耕地红线——中国耕地保有量到2010年和2020年分别保持在18.18亿亩和18.05亿亩。党的十八大以来，中央对耕地保护空前重视，农村土地制度改革、国家粮食安全战略加快协同。党的十九大明确提出第二轮土地承包到期后再延长30年。

二、提质量

提质量，就是提高耕地质量，具体措施如图3-2所示。

图3-2　提高耕地质量的措施

1.抓高标准农田建设

推进农业农村现代化，高标准农田建设是基础。从中央到地方，一直以来都把高标准农田建设作为夯实现代农业发展基础的重要抓手。

高标准农田建设关系到粮食及农产品生产供应，不仅是种植耕地面积的问题，更重要的是耕地质量的问题。如何保证高标准农田建设高质量实施？除了有国家层面出台的高标准农田建设规划，各个地方也应因地制宜，将高标准农田与国土空间规划密切结合，做好地方规划，具体措施如图3-3所示。

 高标准农田建设要与提高耕地质量、生产高品质农产品结合起来。在继续做好路、水、电等基础生产设施投资基础上，应该与土地质量，比如有机质含量、面源污染、土壤板结度等指标结合起来

 高标准农田建设要与现代农业发展结合起来。现代农业需要耕地的规模化、标准化与品质化，高标准农田建设可与一些家庭农场建设、现代农业产业园及现代农业龙头企业结合起来

3 高标准农田建设要建、管、用结合。从一些农村发展现实看，一些高标准农田建设，由于重建轻管的问题存在，造成一些路网、水网等遭到破坏无法正常使用。因此，高标准农田建设应加强管理与维护、使用，使高标准农田建设真正、持续地发挥作用

4 高标准农田建设应该创新投融资模式。一直以来，高标准农田建设采取中央财政投资方式，从投资主体、建设实施、管理使用与运营维护等全流程，创新探索投资多元、监管结合、持续应用的新兴模式

图3-3 高标准农田建设的措施

相关链接

高标准农田建设有了更高国家标准

2022年4月，《高标准农田建设通则》（GB/T 30600—2022）（以下简称《通则》）经国家市场监督管理总局（国家标准化管理委员会）批准发布，于2022年10月1日起正式实施。这是2014年《高标准农田建设通则》（GB/T 30600—2014）发布后的首次修订。

《通则》的主要内容包括"基本原则""建设区域""农田基础设施建设工程""农田地力提升工程""管理要求"等，适用于高标准农田新建和改造提升活动。

《通则》的主要特点是，突出因地制宜，分区域设置建设标准。充分考虑与《全国高标准农田建设规划（2021—2030年）》的有效衔接，区分不同建设目标、重点、能力和条件，将全国划分为东北区、黄淮海区、长江中下游区、东南区、西南区、西北区和青藏区等七个区域，因地制宜制定高标准农田基础设施建设标准和农田地力标准指标。《通则》还规定了各省高标准农田粮食综合生产能力指标，强化了高标准农田建设的粮食产能导向。

2.抓黑土地的保护

黑土是地球上珍贵的土壤资源，是指拥有黑色或暗黑色腐殖质表土层的土壤，是一种性状好、肥力高、适宜农耕的优质土地。东北地区是世界主要黑土带之一，北起大兴安岭，南至辽宁南部，西到内蒙古东部的大兴安岭山地边缘，东达乌苏里江和图们江，行政区域涉及辽宁、吉林、黑龙江以及内蒙古东部的部分地区。东北典型黑土区土壤类型主要有黑土、黑钙土、白浆土、草甸土、暗棕壤、棕壤、水稻

土等类型。

一段时间以来，土壤退化严重制约着东北粮食主产区作物生产潜力的发挥，威胁着农业可持续发展。与开垦前相比，黑土耕层的有机质含量下降了50%～60%，土壤潜在生产力降低了20%以上，而且仍在以年均5‰的比例下降。东北平原黑土层的平均厚度已由新中国成立初期的60～70厘米，下降到目前的20～30厘米，而且还在以每年0.3～1厘米的速度流失，照此速度，再过50年，东北粮食主产区作物产量将大幅度下降，严重威胁我国的粮食安全。

2007年起，中国科学院、中国农业大学和梨树县人民政府共同合作，对黑土地保护性耕作技术进行研究，研发推广了适合中国国情的玉米秸秆覆盖免耕种植技术，2016年，《农民日报》整版刊发报道，将这种种植模式称为"梨树模式"。该模式是以玉米秸秆覆盖为核心，建立秸秆覆盖、免耕播种、施肥、除草、防病及收获全程机械化技术体系，解决了东北黑土区玉米秸秆移除导致土壤退化的关键科学问题；是保护性耕作、玉米秸秆综合利用方法最直接、操作最简便、农民最欢迎、收效最显著的模式。

通过中国科学院等单位十多年来的跟踪测定，"梨树模式"对黑土地保护和耕地质量提升作用效果明显，主要表现在图3-4所示的方面。

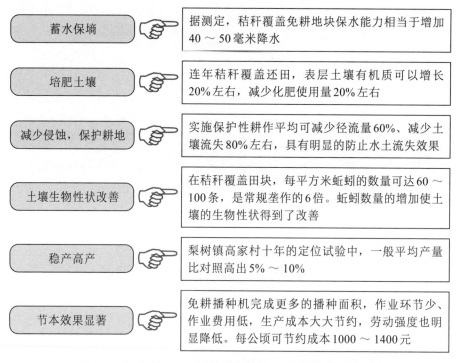

图3-4 "梨树模式"对黑土地保护和耕地质量提升的作用

东北地区粮食产量占全国的1/4。保护黑土地，是保障粮食安全的压舱石。为把黑土地养好用好，《国家黑土地保护工程实施方案（2021—2025年）》明确提出，"十四五"期间将完成1亿亩黑土地保护利用任务，黑土耕地质量明显提升，土壤有机质含量平均提高10%以上。

3.抓耕地占补平衡监管

耕地占补平衡是我国耕地保护的重要制度，是破解发展与保护矛盾的重要举措。加强耕地占补平衡监管，可采取如图3-5所示的措施。

要加强系统内部监督，合理安排各类用地，严把非农建设占用耕地审批关，加强节约集约用地，从源头上减轻耕地保护的压力

要主动向社会公开相关信息，主动接受社会监督，采取硬措施确保补充耕地的真实性与高质量。通过公开，督促各地进一步发现补充耕地存在的问题，及时整改，倒逼完善补充耕地管理规章制度，确保"一亩不少，一亩不假"，不折不扣实现占补平衡目标

对于耕地的保护和监管要与时俱进，依靠科技创新，打造智能化、常态化、精细化的监管平台，"天上看、地上巡、网上查"，对耕地保护实施智慧监管，为早发现、早制止、严查处提供科学依据和技术支撑

图3-5　加强耕地占补平衡监管的措施

三、管用途

管用途，就是强化耕地的用途管制，具体措施如图3-6所示。

措施一　对耕地转为建设用地的要严格限制，加大执法监督力度，严厉查处违规违法占用耕地从事非农建设的行为

措施二　对于耕地转为其他农用地的，要严格管控

措施三　对于耕地种植用途，要严格落实利用的优先次序。耕地主要用于粮食和棉、油、糖、蔬菜等农产品以及饲草饲料的生产，永久基本农田重点用于粮食生产，高标准农田原则全部用于粮食生产

图3-6　强化耕地用途管制的措施

四、挖潜力

挖潜力，就是要挖掘潜力增加耕地。地方政府要支持将符合条件的盐碱地等后备资源适度有序地开发为耕地，对于一些具备开发条件的空闲地、废弃地，可以在保护生态环境的基础上，探索发展设施农业，破解耕地、光热等资源的约束。

18亿亩耕地红线要守住，5亿亩盐碱地也要充分开发利用。盐碱地开发利用对中国的粮食战略具有重要战略意义。我国盐碱地面积广阔，经过几代科学家的努力，已有利用盐碱地的初步科技储备和实践经验。从这一角度看，增加耕地资源的一个重要潜力在于合理开发利用盐碱地。

在新形势下开发利用盐碱地，要有新理念，如图3-7所示。

图3-7　新形势下开发利用盐碱地的理念

1.应摸清盐碱地资源家底，完善顶层设计

地方政府应同步开展盐碱地普查，尽快摸清盐碱地的类型、数量，集成空、天、地一体化技术，摸清不同区域的盐碱分布及修复潜力。在此基础上，开展盐碱地开垦潜力评价分析，编制开发利用工程规划，为盐碱地综合利用提供科学依据。

2.应把生态保护放在突出位置，尊重自然规律

盐碱地本身就是生态环境脆弱区，开发利用盐碱地的每种措施都有一定的适用范围和条件。因此，对盐碱地开发利用的前提是生态治理和有效保护。地方政府要以科学合理的开发利用促进生态的有效保护和生产的持续发展，实现多重目标有效协同。具体而言，以综合治理为主攻方向，倡导工程、植物、微生物等方式，推进高效节水、精准控盐、土壤修复等技术，绿色消减盐碱障碍，营造健康的土壤环境。

3.应统筹盐碱地治理和利用，实现模式创新

盐碱地治理利用是农业投入与产出的统筹，也是人类与土地关系的管理。在这个过程中，人们对盐碱地的认识也在进步。过去的思路主要是治理盐碱地、让盐碱地适应作物，如今要向选育更多耐盐碱作物、让作物适应盐碱地的方向转变。

比如，在适宜地区可以发展海水稻（耐盐碱水稻），从治理盐碱转向适应盐碱。再如，在适宜地区示范种植耐盐碱大豆，可培肥地力、蓄水保墒。

盐碱地类型多样、成因复杂，需要分类推进，有针对性地构建技术模式，确保盐碱地能被合理利用。

第二节　提高种业创新水平

种子是农业的“芯片”，要真正做到“食安天下”，还得以种子为基石。而科技创新是解决农业发展的根本性问题。无论是保障国家粮食安全，还是农民增产增收，都必须打造好农业“芯片”，必须进行种业振兴。

一、种业振兴的重大意义

种业振兴具有图3-8所示的重大意义。

1　振兴种业是应对大变局、保障国家安全的重要举措

2　振兴种业是保障国家粮食安全的核心要素

3　振兴种业是我国抢占未来世界科技制高点的必然要求

图3-8　种业振兴的重大意义

1.振兴种业是应对大变局、保障国家安全的重要举措

当今世界，百年未有之大变局加速演进，国际环境错综复杂，世界经济陷入低迷期，全球产业链供应链面临重塑，不稳定性不确定性明显增加。我国作为农业大国和人口大国，种源自主可控关乎一个国家的核心利益，是应对国际贸易谈判的利器。

2.振兴种业是保障国家粮食安全的核心要素

种业是保障国家粮食安全的核心所在，也是“藏粮于技”的重中之重。保证粮食安全必须把种子牢牢攥在自己手中，要坚持农业科技自立自强，从培育好种子做起，加强良种技术攻关，靠中国种子来保障中国粮食安全。在农业资源承载能力有限的现实情况下，挖掘种子潜力是提升农业产能、保障农业生态安全的重要手段。

3.振兴种业是我国抢占未来世界科技制高点的必然要求

当前世界种业新一轮科技革命突飞猛进，全球种业进入少数寡头竞争阶段，正处于以抢占科技制高点和经济增长点为目标的机遇期。加速攻破种业"卡脖子"技术，大力发展民族种业企业，加快国外种业产业布局，是提升我国农业国际竞争力、提高农业国际话语权的基础。

二、种业科技创新水平现状

种业振兴本质上是种业科技创新提升的问题。目前我国主要作物的种子供给充足，水稻、小麦两大口粮已实现100%自给，玉米、大豆及诸多蔬菜品种也具备相当高的自给率，而部分高端蔬菜和畜牧品种却几乎完全依靠国外进口。种业振兴主要不是供应链问题，而是技术创新要解决的问题。种业科技创新能力不足，突出表现为种质遗传基础相对狭窄，能有效利用的资源相当贫乏。核心育种技术手段落后，现代育种体系尚未建立，种业现有育种模式仍以常规育种为主，生物育种、转基因育种、分子育种利用率较低。种业科技创新水平较低的主要原因如图3-9所示。

图3-9　种业科技创新水平较低的主要原因

1.种业资金投入不足

种业研发具有周期长、投入大、公益性强、收益慢等特征，存在国家公益性研发投入缺口大、企业自筹乏力、研发投入多集中在育种研发环节等问题。从国家层面看，我国农业科研投入占农业GDP仅0.76%左右，明显低于全国总科技经费投入占GDP比重的2.12%，种业创新研发的投入更低。

2.科企之间人才流动不畅

育种科技力量主要集中在科研院所和高等院校，但科研人员绩效评定与企业产业化目标存在偏差，企业与科研机构、政府等的政产学研合作较为松散，对产业的支撑与贡献度不够。

3.创新平台建设力度不够

我国种业创新资源和要素相对分散，大型创新平台建设有待加强，开展重大技术攻关的难度较大。

比如，家禽育种平台缺乏可操作性的自动化、智能化的实验室基础设施设备，在先进科研仪器设备和高端智能装备等方面与国际种业巨头相比依然存在一定差距。

4.管理制度有待完善

目前，我国品种审定程序复杂、门槛低，导致选育的品种多，但突破性的品种少；通过审定的品种多，但较大面积种植的品种少；高产品种多，但综合性状好、品质高、抗逆性和适应性强的品种少。

5.知识产权保护力度不够

当前，我国为种业创新链提供的知识产权保护仍存在制度层面、认识层面和执行层面的问题。主要是法律、制度不够完善，对原始创新保护力度不够，知识产权量大不优，转化利用率较低。

三、种业的挑战与创新

2011年4月18日，《国务院关于加快推进现代农作物种业发展的意见》（以下简称《意见》）正式发布，提出我国农作物种业取得长足发展的同时，也存在农作物种业发展仍处于初级阶段，科研与生产脱节，育种方法、技术和模式落后，创新能力不强；种子市场准入门槛低，企业数量多、规模小、研发能力弱，育种资源和人才不足，竞争力不强等问题。

《意见》围绕强化农作物种业基础性公益研究、农作物种业人才培养、建立商业化育种体系、推动种子企业兼并重组、加强种子生产基地建设等方面提出多项政策措施。

《意见》的出台拉开了中国现代种业发展的序幕。经过多年发展，我国种业取得重大成绩的同时挑战仍存。

1.从品种资源看

就品种资源来看，一方面，我国小麦和水稻两大口粮作物均100%使用具有自主知识产权的品种。我国在水稻品种方面全球领先，具有资源优势、技术优势、人才优势和品种优势。另一方面，我国种植的大豆和玉米使用自主知识产权品种的占比分别达到100%和90%以上，但单产水平与发达国家比仍有差距。

2.从产业链视角看

就产业链视角来看，我国种业产业链存在基础研究和高端仪器设备等对种业品种创新支撑不够、种质资源数量较多但丰富性不够、种质资源深度研究不够、企业主体创新能力不足且尚未建立商业化育种模式、体制机制等问题。

四、推进生物育种产业化应用

2022年2月11日，国务院正式发布《"十四五"推进农业农村现代化规划》（下称《规划》），为今后五年的"三农"工作指出明确目标。在推进种业振兴中，《规划》提到，要求"加快实施农业生物育种重大科技项目，有序推进生物育种产业化应用"。

关于生物育种产业化应用，中央高度重视。2020年中央经济工作会议就提出，"要尊重科学、严格监管，有序推进生物育种产业化应用"。

2021年7月，中央全面深化改革委员会第二十次会议审议通过《种业振兴行动方案》，会议强调，"农业现代化，种子是基础，必须把民族种业搞上去""实现种业科技自立自强、种源自主可控"。

2021年12月，中央经济工作会议重申"深入实施种业振兴行动"。随后召开的中央农村工作会议，再次强调"大力推进种源等农业关键核心技术攻关"。

中国虽是农业大国，但资源禀赋存在劣势，面对内在条件和外部竞争，更应着力加强种业科技自主原始创新，实现种业科技的自立自强，确保国家粮食安全。

1.中国重视生物育种的原因

之所以中国要高度重视生物育种，在于近年来全球范围内生物技术产业呈现加快发展的态势，生物技术的应用正在深刻改变全球农产品生产和贸易格局，"一个基因一个产业"已经成为现实。

世界种业已进入到"常规育种＋生物技术＋信息化"的育种"4.0时代"，正迎来以基因编辑、全基因组选择、人工智能等技术融合发展为标志的新一轮科技革命。基因资源争夺日益激烈，世界各国和跨国公司加大力度开展基因功能及基因遗传多样性的研究和开发利用，发展新型生物育种技术，争夺知识产权。

转基因技术是生物育种的重要方面，也是迄今为止全球发展速度最快、应用范围最广、产业影响最大的现代生物技术。

2.开展转基因大豆和玉米的产业化试点

2021年，为解决草地贪夜蛾虫害和草害等重大问题，农业农村部组织开展了转基因大豆和玉米的产业化试点工作。参加试点的耐除草剂大豆和抗虫耐除草剂玉米均已获得生产应用安全证书，经过了近10年的食用安全和环境安全评价。试点转基因品种特性优良，节本增效优势明显。

比如，转基因大豆除草效果在95%以上，可降低除草成本50%，增产12%。转基因玉米对草地贪夜蛾的防治效果可达95%，大幅减少了防虫成本。同时，转基因玉米籽粒中霉菌毒素的含量低，品质也好。

在转基因大豆和玉米的产业化试点之后，2021年12月末，农业农村部编制印发的《"十四五"全国种植业发展规划》，明确提出"启动实施农业生物育种重大项目，有序推进转基因大豆产业化应用"。

当前，中国转基因育种的技术水平已经进入国际第二方阵的前列，初步形成了自主基因、自主技术、自主品种的创新格局，育种研发取得重大进展，实现了由跟踪国际先进水平到自主创新的跨越式转变。

我国已培育出一批具有竞争力的作物新品种。国产抗虫棉市场份额达99%以上，转基因番木瓜在南部沿海省区产业化种植，有效遏制了环斑病毒对产业的毁灭性危害。

2019年、2020年，农业农村部相继批准了7个转基因耐除草剂大豆和转基因抗虫耐除草剂玉米的安全证书。此外，中国自主研发的耐除草剂大豆获准在阿根廷商业化种植，抗虫大豆、抗旱玉米、抗虫水稻、抗旱小麦、抗蓝耳病猪等已形成梯次储备。

五、加强种业知识产权保护

近年来，我国种业市场持续优化，劣种子问题基本解决，但套牌侵权、实质性相似仿种子问题凸显。对此，2022年以来，政策层面从立足解决当前突出问题和破解体制机制障碍两方面入手，积极推进立法、司法、执法及技术标准等工作，加强知识产权保护，激励原始创新。

1.施行新的《中华人民共和国种子法》

2022年3月1日起，新修订的《中华人民共和国种子法》（以下简称"新《种子法》"）正式施行。通相较于此前版本，修订后的新《种子法》重点聚焦新增实质性派生品种制度、扩大植物新品种权的保护范围及保护环节、加大对假劣种子的打击力度、完善侵权赔偿制度以及加强种质资源保护等方面，如图3-10所示。

随着种业创新链的拉长，通过建立和实施实质性派生品种制度，保护育种创新链各环节当事人的创新成果，充分调动原始创新的积极性

通过充实品种权的权利内涵，延长保护期限，提高品种权含金量，进一步保护育种人的合法利益

加大处罚力度和完善执法机制，根治山寨市场，有利于及时扭转种业向劣质低效逆向发展趋势

强化种质资源保护，促进遗传资源惠益分享，调动保护遗传资源的积极性，夯实育种创新的物质基础

图3-10　新《种子法》重点聚集的内容

2.七部门联合印发文件

2022年1月28日，农业农村部、最高人民法院、最高人民检察院、工业和信息化部、公安部、市场监管总局、国家知识产权局联合印发《关于保护种业知识产权打击假冒伪劣套牌侵权营造种业振兴良好环境的指导意见》（以下简称《指导意见》），旨在提高种业知识产权保护水平，严厉打击假冒伪劣、套牌侵权等违法犯罪行为，加快营造种业振兴良好环境。

《指导意见》主要包括如图3-11所示的内容。

加快法律法规修订，夯实种业知识产权保护制度基础

加强司法保护，严厉打击侵害种业知识产权行为

强化技术和标准支撑，提高品种管理水平

严格行政执法，加大种业违法案件查处力度

推进社会监督共治，构建种业创新发展良好环境等

图3-11　《指导意见》的主要内容

第三节　加快发展设施农业

加快设施农业发展是实现农业现代化的重要任务。2022年中央一号文件明确要求，加快发展设施农业。

一、什么是设施农业

设施农业是指利用新型生产设备、现代农业工程技术、管理技术调控温室、塑料大棚等保护设施内蔬菜、果树、花卉、鸡鸭、猪牛等动植物生长的温、光、水、土、气、肥等环境参数因子，对动植物的生长发育环境进行整体或局部范围的改善，使动植物生长不受或很少受自然条件制约，在有限的土地上投入较少的劳动力，建立动植物周年连续生产系统，实现动植物高效优质生产的一种现代农业生产方式，是属于生产可反时令性、生产可类型多样化的高投入、高产出、高效益产业。

二、设施农业的特点

设施农业具有图3-12所示的特点。

特点一	环境相对可控，适宜进行反季节、周年连续生产（比如增温、除湿、补光等措施，创造更加适宜的生长环境）
特点二	单位土地面积产出率高，如设施蔬菜栽培，产量一般为露地生产的2～10倍，甚至更高
特点三	现代技术高度集成与应用，综合运用了设施工程、新型材料、环境控制、生物工程、微电子技术与计算机管理等高新技术成果（如计算机智能化控制灌溉设备、施肥设备、饲喂设备和挤奶设备等）
特点四	高投入、高产出、高效益（如大型连栋温室投入300～700元/平方米，产出黄瓜、西红柿30～120千克/平方米，玫瑰200～340支/平方米，集约化鸡舍投入600～800元/平方米，年产量16～18千克/只）

图3-12　设施农业的特点

三、发展设施农业的对策

我国是一个农业大国和人口大国，由于人均土地资源的日益匮乏和对农产品的数量与质量的需求，我国就必须坚定不移地走"设施强农"之路。发展设施农业已成为发展现代农业和建设新农村的一项重要的战略内容，其对策如图3-13所示。

1	因地制宜发展塑料大棚、日光温室、连栋温室等设施，集中建设育苗工厂化设施
2	鼓励发展工厂化集约养殖、立体生态养殖等新型养殖设施
3	推动水肥一体化、饲喂自动化、环境控制智能化等设施装备技术研发应用
4	在保护生态环境基础上，探索利用可开发的空闲地、废弃地发展设施农业

图3-13　发展设施农业的对策

🔍【实例3】▶▶

国家荔枝龙眼产业技术体系深圳综合试验站：
探索农业＋全产业链创新发展、跨界融合的新模式

国家荔枝龙眼产业技术体系深圳综合试验站（以下简称"试验站"）是2008年国家农业部按照荔枝、龙眼的区域布局规划，依托深圳职业技术学院，在深圳地区建立的针对珠三角及粤东荔枝龙眼主产区开展产业技术研发、示范与推广的平台。

围绕国家乡村振兴战略，试验站整合了建设依托食品药品学院、经济学院、管理学院、艺术设计学院、传播工程学院等7个二级学院的优质资源，扎根产区，探索出了"农业＋科技、生态、加工、文创"等一二三产融合的农业全产业链创新发展、跨界融合的新模式：积极开展供给侧结构性改革以增加农产品附加值，重点开发建设荔枝产业先进技术示范园15个，核心示范面积4410亩；引进和示范推广荔枝新品种51个、龙眼新品种25种，发现并选育荔枝新优株13个，参与选育并通过"国审"荔枝新品种3个，选育并通过广东省作物品种审定荔枝新品种1个、龙眼新品种1个；精准扶持特色产区，推动红色产区"海丰"荔枝产业发展，做好红色传承，致力于推动红城荔枝产业的升级，扶持当地开展荔枝

"双创"建设，建设"双创"示范园12个，示范面积100余亩，辐射当地产业面积60000余亩；通过新技术、新工艺的示范和推广，节约产业成本30%以上，提升产业经济效益40%以上，真正实现了"汗水洒遍田地间，论文写在大地上，成果留在荔农家"。

依托高职教育的优势，试验站在所覆盖主产区内开展乡村匠人培训、新农人教育、技术培训、科技服务450余次，培训农民、农技推广人员8000余人次，扶持培养"广东省十大荔枝种植匠"3人，提升了新农人专业素养；紧跟新媒体时代步伐，建设微信公众服务平台1个，截至2021年12月，通过微信公众平台服务种植户、农技推广人员同行等共计3368人，受众遍布全国6大荔枝龙眼主产区以及其他18个地区和城市，发布推文399篇，其中原创320篇，图文阅读总人数25.8万人次，图文阅读次数40余万次，开展网络直播培训5次，直接培训人数1278人，浏览量10688人次。另外，试验站还开展对荔枝龙眼园教育功能的开发与研究，开发制作荔枝蒂蛀虫预测预报与防治动画宣传短片1套共3集；开发荔枝园自然教育课程1个系列共12堂课。

试验站以创新型农业全产业链模式，服务涵盖了深圳、东莞、惠州、汕头、汕尾、揭阳、潮州等珠三角和粤东地区约145.29万亩的荔枝龙眼产业面积，其中荔枝104.71万亩，龙眼40.58万亩，是扎根于产业第一线，推动产业技术进步、产业升级的主推手。

荔枝新品种"井岗红糯""岭丰糯""凤山红灯笼"

获奖情况：

参与的《不同熟期优质荔枝系列新品种选育和高接换种技术创新及应用》获2019年度广东省科技进步一等奖。

参与的《晚熟优质抗裂果荔枝新品种井岗红糯的推广应用》获2019年度广东省农业技术推广二等奖。

参与的《荔枝高接换种提质增效技术研发与推广》获2020年度广东省农业技术推广一等奖。

（此案例由深圳职业技术学院乔方教授提供）

🔍 【实例4】▶▶▶

张掖陈寨：发展设施农业　打造增收"新引擎"

甘肃省张掖市甘州区党寨镇陈寨村设施农业产业园里，一排排日光温室鳞次栉比，棚内绿意正浓。红色、黄色的番茄挂满枝头，辣椒苗长势喜人，当地村民正忙碌地进行管护。

陈寨结合"三变"改革，按照"产业布局合理、科技支撑有力、链条配套完整、群众抱团发展、合作共赢快富"的发展思路，整合土地资金等要素，大力发展现代农业，全面推动农业持续增效、农民持续增收、农村持续发展。

陈寨村立足本地气候、水肥、土壤特点，积极引进现代生物技术、环境调控技术、温室物联网技术和信息管理技术贯穿生产全过程，对西红柿、黄瓜、西瓜、羊角蜜、辣椒、茄子等7个系列40多个新果蔬品种进行试验培育，积极推广高产优质、精细栽培、科学配方施肥为主体的标准化生产技术，逐步扩大张掖本土及外省市场，全面实现蔬菜产销"淡季不淡、旺季不烂、超季反季、四季均衡"，蔬果品种多样性和市场竞争力不断提高。依托陈寨村现有的农村实用人才培训室，大力培育乡土人才，共培育"土专家""田秀才"120名。积极倡导信息互通，发挥情报效应。依托党寨镇农业综合服务中心，为农民提供最新的用工就业、生产销售、市场行情等信息，为群众及时掌握"三农"信息装上"顺风耳"。全面推行产业共育，发挥规模效应。依托六个支部现有设施农业资源，以陈寨种植、马站新煜等专业合作社为龙头，引进宁夏中卫、山东寿光等先进种植技术和果蔬新品种，2019年建成高效智能日光温室712座，连体钢架大棚50万平方米，钢架拱棚750座，形成科学育苗—绿色定植—分拣包装—冷链物流—订单销售于一体的全产业链。

政策推动、项目带动、科技驱动，随着党寨镇陈寨村现代农业科技示范园的建设，依靠现代农业致富，使农业节本增效、农民增收致富，带动蔬菜产业持续发展的故事正在这片土地上演。陈寨现代农业科技示范园，将激活农村发展的内生动力，成为乡村振兴的主抓手，群众增收的新引擎。

第四章

有效衔接：

巩固脱贫攻坚成果

引言：

　　脱贫攻坚是中国共产党团结带领全国人民创造的一个彪炳史册的人间奇迹，是在创造美好生活、实现共同富裕的道路上迈出的坚实一步。但是，脱贫不是终点，而是新生活、新奋斗的起点。2021年3月，中共中央、国务院出台了《关于实现巩固拓展脱贫攻坚成果同乡村振兴有效衔接的意见》，要求脱贫地区根据形势变化，理清工作思路，做好过渡期（五年）内领导体制、工作体系、发展规划、政策举措、考核机制等有效衔接。

　　从根本上来说，脱贫攻坚是乡村振兴的优先任务，乡村振兴则是脱贫攻坚的延续和发展；脱贫攻坚是"输血"，授人以鱼，乡村振兴是"造血"，授人以渔；脱贫攻坚的成功实践为乡村振兴提供了精准思维、系统思维、辩证思维等，乡村振兴则需要在坚持现行帮扶政策下，努力补齐农业农村发展短板，加快形成多元投入格局，统筹更多资源要素向乡村集聚，提升农村内生动力和自我发展能力，在扎实推动共同富裕目标指引下推进乡村高质量发展。

第一节　完善监测帮扶机制

防止返贫动态监测和帮扶机制是巩固拓展脱贫攻坚成果的制度性安排，是做好有效衔接工作的基础和前提。

一、精准监测

监测上更加准一些，精准确定监测对象，将有返贫致贫风险和突发严重困难的农户全部纳入监测范围。

1.具体要求

一定要实事求是，防止图4-1所示的四种情况，把"严""细""实""准"的工作要求贯穿整个过程，确保"应纳尽纳、应扶尽扶、应退尽退"，全面提高工作质量，扣好巩固脱贫成果对象精准的"第一颗纽扣"，确保动态监测数据准确、对象精准，为脱贫攻坚后评估工作打牢基础。

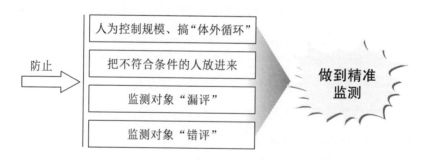

图4-1　精准监测应防止的四种情况

2.具体措施

（1）规范监测对象。以农户家庭为单位，以脱贫攻坚期国家扶贫标准的1.5倍为底线，动态识别监测对象，严扣监测重点，通过程序识别为脱贫不稳定户、边缘易致贫户、突发严重困难户三类对象，纳入监测帮扶范围，落实帮扶措施。

（2）规范监测程序。监测可采取如图4-2所示的方式进行，三种方式互为补充、相互协同。同时，还能及时掌握分析媒体、信访、审计等信息，拓宽风险预警渠道。

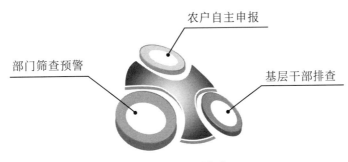

图 4-2　监测方式

二、及早帮扶

要守住防止规模性返贫的底线，有效防范化解返贫风险，需要从根本上转变以往扶贫对象的确定及帮扶机制，坚持动态监测与及时干预帮扶相结合，早发现、早干预、早帮扶。

1.动态监测与大数据研判相结合

 数据平台

2021 年，在迎来中国共产党成立 100 周年的重要时刻，我国如期完成脱贫攻坚任务，近 1 亿农村贫困人口全部脱贫，832 个贫困县全部摘帽。

虽然脱贫攻坚战取得了全面胜利，但巩固拓展脱贫攻坚成果同乡村振兴有效衔接各项工作，让脱贫基础更加稳固、成效更可持续，这些任务仍然艰巨。2022 年中央一号文件强调，坚决守住不发生规模性返贫底线。

对于防返贫，需做到图 4-3 所示的两点。

图 4-3　防返贫的措施

（1）要树牢风险防控底线思维，健全防止返贫的动态监测和帮扶机制。可采用互联网信息技术和入户走访调研等线上线下相结合的方式，对易返贫、致贫对象进行动态监测，具体措施如图4-4所示。

构建基于精准扶贫数据平台的返贫监测系统，对自身发展能力薄弱的不稳定脱贫人群、未享受精准扶贫政策的边缘易致贫人群以及受外部灾害侵袭的突发严重困难人群等三类人群开展常态化监测

基层干部要通过定期追踪回访，掌握脱贫户的具体情况，及时识别出存在返贫、致贫风险的群众，精准合理安排应对方案

图4-4　进行动态监测的措施

（2）要运用大数据系统分析和研判返贫风险，及时发布返贫预警信息。政府部门要设立符合当地实际的系统返贫风险监测指标，考察扶贫政策变化、自然灾害冲击、市场经济波动、脱贫户产业发展与就业等因素对脱贫群众的影响，及时找到返贫潜在风险点，分析返贫风险因素并启动预警监测机制。同时建立以县、乡、村三级组织为责任主体的分级预警监测机制，常态化持续推进返贫致贫风险监测，确保预警监测机制可以及时准确对返贫风险人群和风险因素进行预测预警，并将预测预警信息通报给相关部门，以便超前布置、联合应对，防范化解风险于未然，最大可能降低返贫情况发生。

2. 及时干预帮扶，化解返贫风险

在动态监测与大数据研判相结合的情况下，还需构建短、中、长期相结合的风险干预机制，阻断返贫风险生成，具体措施如图4-5所示。

要健全应对外部灾害和意外事故的临时救助机制；强化综合社会保障措施，做到"脱贫不脱保"，切实做好社会救助兜底保障；对负担较重的大病、重病患者和残疾人群加大救助力度，防止因病残致贫返贫

要加快完善贫困地区防灾救灾科技体系以及自然灾害监测、预报系统，夯实农村地区生态环境治理和基础设施建设；结合地区资源禀赋，大力培育具有长期稳定收益的现代特色优势产业

要统筹推进脱贫攻坚和乡村振兴两大战略有机衔接，加强农村人力资本投入，加快构建囊括骨干型、引领型、专业型和实用型四类人才的乡村智力体系，筑牢防范化解返贫风险的基石

图4-5　构建短、中、长期相结合的风险干预机制

三、简化操作

打通各部门监测平台数据壁垒，缩短认定时间，提高监测帮扶效率。

比如，2022年4月，河北省巩固拓展脱贫攻坚成果领导小组印发通知，要求各地各有关部门优化监测程序、完善帮扶机制，进一步做好防止返贫工作，坚决守住不发生规模性返贫底线。对于简化工作流程，缩短认定时间，有如下要求：

坚持实事求是，对新增监测对象合理优化"入户核查核实、村级评议公示、乡镇核查初审、县级比对审定"四步认定程序，提高认定效率。缩短各环节间隔时间，入户走访核查后，村级评议公示可与乡级核查初审同步开展。简化县级比对审定环节，对返贫致贫风险明确、村级评议公示无异议的，可不再比对存款、房产、车辆等个人信息，有效缩短认定时间。自发现返贫致贫风险之日起，至履行完认定程序纳入监测，时间一般不超过15天。

第二节　促进脱贫人口持续增收

2022年的中央一号文件，针对推动脱贫地区更多依靠发展来巩固拓展脱贫攻坚成果，对"促进脱贫人口持续增收"提出了新要求。贯彻落实中央一号文件精神，我们必须坚持把增加脱贫群众收入作为根本措施，千方百计促进脱贫群众持续增收，努力让脱贫群众生活更上一层楼，推动乡村振兴取得新进展。

一、产业支撑

发展特色产业是我国农业结构战略调整的要求，是增加农民收入的迫切需要。促进脱贫人口持续增收，要发展特色产业。在发展特色产业的过程中，要推行以政府为主导、以农民为核心、以企业与金融为支撑的防返贫产业体系，要利用互联网以及物联网等相关渠道，构建融合体系，发展"一村一品""一乡一业"等多形式、多规模相契合的新型农业，促进农业生产产业链与价值链的延长，保证每个脱贫村都有主导产业、有带动企业、有稳定的增收渠道，把"输血"式防返贫变为"造血"式防返贫，彻底阻断规模性返贫现象的发生。

二、促进就业

就业是巩固脱贫攻坚成果的基本措施。就业要千方百计稳住，通过组织劳务输出、提高帮扶车间吸纳能力、优化公益岗位等方式，确保脱贫人口务工就业规模稳中有增。

1.确保外出务工人员利益

外出务工是脱贫人口就业的重要渠道。为激发脱贫人口外出务工积极性，各地通过发放求职创业补贴等激励政策，鼓励脱贫人口外出务工。

比如，四川巴中提出，脱贫人口通过有组织劳务输出到户籍所在县以外就业的，将给予不超过400元/人一次性求职创业补贴；辽宁铁岭提出，对跨省就业的脱贫人口，给予交通补助。

在企业端，也有相应政策引导企业吸纳脱贫人口就业。对吸纳脱贫人口就业的企业，将按规定落实社会保险补贴、创业担保贷款及贴息等政策。

比如，山西太原将吸纳脱贫人口就业数量多、效果好的市场主体认定为就业帮扶基地，对吸纳人数超50人的，给予10万元一次性奖励。

同时，为鼓励市场化机构参与组织劳务输出，人社部等五部门提出，对面向脱贫人口开展有组织劳务输出的人力资源服务机构、劳务经纪人，按规定给予就业创业服务补助。

比如，在四川巴中，就业创业服务补助标准为300元/人。

2.实现就地就近就业

就地就近就业也是一部分脱贫人口的愿望。

为此，一方面，各地方各部门在农业农村基础设施建设领域积极推广以工代赈方式，以期带动更多脱贫人口参与乡村建设，充分发挥以工代赈促进就业作用。

数据平台

2022年4月，国家发展改革委联合财政部提前下达2022年以工代赈任务计划40.5亿元，撬动地方各类资金约5亿元，支持地方实施以工代赈项目1200余个，将带动近10万农村脱贫群众和低收入人口等重点群体稳就业、促增收。

另一方面，各地区通过支持产业发展、壮大就业帮扶车间、鼓励返乡入乡创业等方式，拓宽脱贫人口就地就近就业的渠道。

比如，吉林省提出，对省内企业吸纳脱贫劳动力或监测对象就业最高可给予5万元的一次性吸纳就业补贴；甘肃省提出，对返乡创业农民工，将按规定给予创业担保贷款及贴息扶持，有条件的地区还将按规定落实一次性5000元的创业补贴。

此外，统筹用好各类乡村公益性岗位，托底安置符合就业困难人员条件的弱劳力、半劳力和无法外出、无业可就的脱贫人口。对乡村公益性岗位安置人员，将按规定给予岗位补贴，购买意外伤害商业保险，依法签订劳动合同或劳务协议。

3.帮助脱贫人口长技能、强本领

技能在手，就业不慌，致富不愁。"十四五"期间，人社部门将继续实施国家乡村振兴重点帮扶地区职业技能提升工程，加大脱贫人口、农村低收入人口职业技能培训力度。培训期间，还将按规定给予生活费补贴。

人社部将支持脱贫地区、乡村振兴重点帮扶县建设一批培训基地和技工院校。同时扩大技工院校招生和职业培训规模，支持脱贫户、农村低收入人口所在家庭"两后生"（指初、高中毕业生未能继续升入大学或中专院校就读的农村贫困家庭中的富余劳动力）就读技工院校，按规定享受国家免学费和奖助学金政策。

三、支持创业

随着中央、地方和社会层面对脱贫地区支持帮助力度的加大，脱贫地区也拥有了更多发展机遇，并展示出了前所未有的生机活力。无论是对于广大脱贫地区的人民群众而言，还是其他的企业单位与个人而言，这都是一个创新创业的好机会。各地要大力支持农民工、大中专毕业生、科技人员、乡土人才在脱贫地区创新创业，要给予脱贫地区的人民群众各方面的关心关爱，让他们有更加稳定的收入，要激励脱贫地区的人民群众大胆进行创新创业，鼓励他们用好各种资源优势，抢抓宝贵的历史机遇，扎根脱贫地区，通过主动的创新创业，带动脱贫群众的就业，增加脱贫地区的收入，创造更加美好的幸福生活。激励脱贫地区的人民群众不等靠要，依靠自己勤劳的双手和智慧来改变现状、增加收入，才能让幸福的日子更久长，才能让共同富裕的道路更宽广。

第三节 加大重点区域帮扶力度

"授人以鱼不如授人以渔"。2022年政府工作报告提出，强化国家乡村振兴重点帮扶县帮扶措施，做好易地搬迁后续扶持，深化东西部协作、定点帮扶和社会力量帮扶，增强脱贫地区自我发展能力。守住不发生规模性返贫底线，应增强"造血"功能，通过增强返贫户的造血功能，才能"拔掉穷根、开掘富源"。

一、加大重点帮扶县扶持力度

国家乡村振兴重点帮扶县是巩固拓展脱贫攻坚成果的重中之重，是全面推进乡村振兴必须补齐的区域短板。

 数据平台

2021年，我国在西部10省（区、市）确定160个国家乡村振兴重点帮扶县，国家层面出台14个方面倾斜支持政策。经过一年的努力，160个重点县乡村振兴取得新进展新成效。

经过脱贫攻坚，160个重点县的基础设施和公共服务有了很大改善，但整体水平仍然不高，同时乡村治理任务依然繁重，必须加大工作力度，扎实稳妥有序推进。

在具体工作上，主要是抓好图4-6所示的几项工作。

抓好稳岗就业	推动帮扶产业发展	加强易地搬迁后续扶持
编制好实施方案	管好用好衔接资金	用好社会帮扶力量
大力开展干部培训	防范化解风险隐患	开展监测评价

图4-6　扶持重点帮扶县的措施

1.抓好稳岗就业

160个重点县脱贫人口收入中工资性收入占比超过70%，必须把稳岗就业放在重中之重的位置。2022年4月，人力资源社会保障部、国家乡村振兴局等部门印发了《关于进一步做好2022年就业帮扶工作的通知》，各地要抓好落实，稳政策、强举措、抓调度，确保完成年度务工目标任务，并力争多完成一些。

2.推动帮扶产业发展

160个重点县的特色产业多数尚处于起步阶段，在技术、设施、营销、人才等方面存在突出短板。由中央组织部牵头，农业农村部、国家乡村振兴局等部门配合，启动了向160个重点县选派科技特派团工作，按照"一县一团"原则，围绕特色产业精准开展科技服务和人才培养帮带。各地要高度重视，组织强有力的班子，加强统筹协调，精心组织实施，推动落地见效。要进一步用好驻村干部，同时要用好返乡、回乡、下乡人才，让他们在助推产业发展方面发挥更大作用。国家乡村振兴局和中国农业银行在160个重点县推出了面向全体农户的"富民贷"，其他金融机构也推出了一批针对性强的金融产品，各地要用好这些政策。

3. 加强易地搬迁后续扶持

各地要持续监测搬迁群众生产生活情况，开展就业帮扶专项行动，加大安置区产业培育力度，完善配套设施和公共服务，提升安置区治理水平，做好社会稳定工作，确保搬迁群众稳得住、能融入、逐步能致富。

4. 编制好实施方案

编制好实施方案是2022年中央一号文件部署的任务。国家乡村振兴局正在国家、省、县三个层面，组织编制国家乡村振兴重点帮扶县巩固拓展脱贫攻坚成果同乡村振兴有效衔接实施方案。各地要充分认识这项工作的重要性、必要性和紧迫性，突出问题导向，细化目标任务，强化项目支撑，集中力量做好方案编制工作。已经编制规划或方案的省和县，要对标新任务新要求，进一步修改完善，特别是要补充一批补短板、促发展的项目。还没有编制规划或方案的省和县，要加快工作进度。这项任务要在2022年上半年完成，省县两级实施方案均要向国家乡村振兴局报备。

5. 管好用好衔接资金

2022年中央一号文件提出加大对乡村振兴重点帮扶县支持力度。2022年2月，财政部、国家乡村振兴局等6部门联合出台了《关于加强中央财政衔接推进乡村振兴补助资金使用管理的指导意见》，进一步明确了支持160个重点县的方向和路径。各地要落实好文件要求，进一步提升衔接资金用于重点县的比重。160个重点县要超前做好相关准备，加快资金支出进度，切实提高资金使用效益。重点县的乡村振兴部门要与农业农村部门密切配合，加强项目谋划，完善项目库建设，形成储备一批、开工一批、在建一批、竣工一批的良性循环。

6. 用好社会帮扶力量

经国家乡村振兴局协调，东西部协作、中央单位定点帮扶、"万企兴万村"行动和社会组织帮扶都已经明确了对160个重点县的倾斜支持政策。各地要创新思路，主动对接，加强合作，在引进项目和人才方面下大功夫，增强自身发展能力和"造血"功能。2022年，中央组织部会同有关部门对160个重点县开展教育、医疗干部人才组团式帮扶，国家乡村振兴局积极配合做好相关工作，并将组团式帮扶开展情况纳入东西部协作考核评价内容。

7.大力开展干部培训

深入学习新时代中国特色社会主义思想，深入学习关于"三农"工作的重要论述，在学懂弄通做实上下功夫。各地要按照培训计划，分级分类开展乡村振兴干部大学习、大培训，着力解决知识恐慌、本领不够、经验不足等问题。国家乡村振兴局将配合中央组织部举办160个重点县党政正职培训班，同时组织对160个重点县的乡村振兴局局长开展专题培训。

8.防范化解风险隐患

增强忧患意识，树立底线思维，着力抓好重点领域风险隐患防范化解工作。要着力防范化解自然灾害风险。160个重点县中有73个县地处地质灾害高发区，自然灾害多发频发。各地要密切跟踪自然灾害发生情况，加强分析研判，制定应急预案，采取针对性措施，切实防范和化解因灾返贫致贫风险。要着力防范化解舆情风险。社会各界对160个重点县巩固脱贫攻坚成果和乡村振兴情况一直高度关注。各地要加强正面宣传，做好舆情监测，完善处置机制，防止不良炒作。

9.开展监测评价

这是2022年中央一号文件提出的要求。国家乡村振兴局已经建立了监测指标体系，160个重点县要积极配合，共同做好监测工作，为完善支持政策、做好精准帮扶和开展绩效评价提供支撑。过渡期内，巩固拓展脱贫攻坚成果同乡村振兴有效衔接考核评估将对160个重点县实现全覆盖。160个重点县要切实履行主体责任，把有效衔接工作做扎实、做到位。

二、推进易地搬迁后扶服务

易地搬迁是解决一方水土养不好一方人、实现贫困群众跨越式发展的根本途径。对易地搬迁集中安置区，应持续加大产业就业、基础设施、公共服务等后续扶持力度，确保搬迁群众稳得住、能融入、逐步能致富，具体措施如图4-7所示。

1.因地制宜发展区域特色产业确保稳定增收

引导搬迁安置区域发展现代农业，以建设搬迁群众参与度高的特色农业基地为载体，推动特色产业拔节生长，促使电商扶贫、光伏扶贫、旅游扶贫等产业快速发展。推动农村三产深度融合发展，积极拓展农业功能，大力促进农业与旅游、教

01	因地制宜发展区域特色产业确保稳定增收
02	创造劳动密集型岗位实现群众就近就地就业
03	完善帮扶政策体系提升就业创业服务覆盖面
04	补齐基本公共服务短板增强搬迁群众获得感
05	提升社区服务水平促使搬迁群众融入新环境

图4-7　推进易地搬迁后扶服务的措施

育、文化、康养等产业深度融合。支持有条件的贫困县创建一二三产业融合发展的扶贫产业园。增强新型经营主体带贫增收能力，探索建立契约型、担保型、利益返还型、参股合作型等多形式的扶贫利益联结机制，让贫困户能够深度参与分享产业链利益。

2.创造劳动密集型岗位实现群众就近就地就业

推进易地安置社区与工业园区一体化规划建设，加快引进劳动密集型企业落地，实现搬迁群众"楼上居住、楼下就业"。培育壮大服务业。大力开发公益岗位，多渠道开发乡村社会管理和公共服务等公益性岗位，确保贫困搬迁家庭至少有一个劳动力实现稳定就业。

3.完善帮扶政策体系提升就业创业服务覆盖面

强化搬迁群众技能培训，开展多渠道、多层次、多形式的精准式专业技能培训，确保搬迁群众每户有一个人掌握1～2项实用技能。积极推动创新创业扶贫，开发适合搬迁群众的创新创业项目，为符合条件的贫困户创业提供全方位政策支持。促进劳动力转移就业。发展劳务中介组织，建立搬迁群众劳务输出信息库，开展职业指导，加强职业介绍，推动就业意愿、就业技能与就业岗位精准对接。

4.补齐基本公共服务短板增强搬迁群众获得感

配套完善公共基础设施，将安置区及配套设施纳入国土空间规划一体规划、一体建设，合理配置教育、医疗、养老等公共服务，加强乡村人居环境整治和公共卫生体系建设，让搬迁群众住得舒心。完善社区便民服务综合服务平台职能，运用大数据平台技术对移民搬迁社区的物业服务、基础设施、社会治理等社区事务进行精准管理。突出贫困特殊人群帮扶。建立防止返贫监测和帮扶机制。对脱贫不稳定户、边缘易致贫户以及其他原因收入骤减或支出骤增户加强监测，纳入重点帮扶。

5.提升社区服务水平促使搬迁群众融入新环境

建强党组织带头人队伍，健全基层治理体系，完善居民委员会、小区委员会等自治组织，引导搬迁群众参与安置点管理。

🔍【实例5】▶▶▶ ---

陕西汉中：支持返乡创业 助推乡村振兴

为招引懂经营、会管理、有技术、具备一定实力的人才返乡参与农村发展建设，陕西省汉中市通过政策支持、营造环境、强化宣传、狠抓落实，大力招引有能力、有意愿的外出人员返乡创业、兴办实业、带动就业，推动全市返乡创业工作取得明显成效，为持续巩固拓展脱贫攻坚成果、加速推进乡村振兴注入新活力。

一、细化配套政策，让返乡人员"敢创业"

市乡村振兴局会同人社、农业农村等部门，了解重点人群对返乡创业的诉求，理清工作思路举措，出台了全市《支持返乡创业推动乡村振兴若干措施》，从行政审批、服务保障、财政支持、税费优惠、金融支持、创业用地、人才引育等方面明确了20条务实管用的支持举措，并指导11个县区制定县级《支持措施》，协调市级有返乡创业工作任务的行业部门出台《配套政策》，在全市上下形成了"1+11+n"的支持返乡创业政策保障体系。其中，全市每年安排不少于5亿元的创业担保贷款，安排1000万元市级财政资金用于返乡创业奖补，对返乡创业人员提供20万～300万元不等的信贷融资支持，用"真金白银"铺设返乡创业"高速路"。

二、优化创业环境，让返乡人员"想创业"

将支持返乡创业纳入"十四五"规划、乡村振兴配套规划、巩固拓展脱贫攻坚成果规划体系，做好项目包装、策划、储备；完善返乡创业产业配套设施，优先安排水、电、路、通信、冷链物流等配套设施建设；开辟返乡创业证照办理"绿色通道"，当日办结企业备案登记，3个工作日办结企业开办手续；为返乡创业企业做好产学研合作服务，有针对性地开展技能培训；强化土地、厂房、商业保险等要素保障，切实解决返乡创业人员家属就学、就医、社保等问题；将符合条件的返乡创业人员纳入农村创业致富带头人培训，按规定落实创业补贴、创业担保贷款、贷款贴息等扶持政策，用"贴心服务"让返乡创业者回得安心、干得舒心。

三、强化宣传引导，让返乡人员"争创业"

通过召开媒体通气会、发布支持返乡创业《流程图》《服务指南》、依托驻外招商分局和在外商会宣传返乡创业支持政策等方式，积极招引外出人员返乡创业。抢抓春节返乡契机，发动驻村帮扶干部上门宣讲返乡创业政策、向外出务工人员寄送《一封信》、召开返乡创业座谈会，全面解读支持外出人员返乡创业各项政策举措，共话全市经济社会发展的成就和巩固衔接工作取得的成效，努力用家乡看得见、摸得着的发展变化温暖人心，用富有含金量的政策措施聚集人心，力促更多的外出人员踊跃参与家乡发展建设、助力乡村振兴。

四、强化推进力度，让返乡人员"创成业"

成立了由市委常委、常务副市长任组长的支持返乡创业推动乡村振兴工作领导小组及其办公室，细化明确各部门工作职责和目标任务，定期指挥调度、分析研判、协调解决工作中存在的困难和问题，各县区也成立相应工作机构，形成上下一条线、纵横一盘棋的工作格局。制定全市《支持返乡创业推动乡村振兴考核实施办法》，建立完善的工作考核评价体系，确保支持政策落地见效。出台"返乡创业标兵""返乡创业示范基地""创业示范企业"评选《办法》，每年评选表彰一批具有一定规范、带动较多劳动力就业的返乡创业人员或企业，营造全社会支持、尊重、崇尚返乡创业的良好氛围。

五、打造示范样板，让返乡创业"提成色"

2021年，共创办返乡创业经营主体1203个，带动就业5509人，其中脱贫人口1874人，形成一大批好的经验做法。其中，西乡县五丰生态农业园区积极落实返乡创业各项支持政策，招引入驻返乡创业企业32家，实现稳定就业200余人、季节性务工500余人；留坝县将返乡创业与全域旅游深度融合，依托"留坝老街"，积极创建老街县级创业孵化基地，动员外出人员返乡投资兴业；城固县修订完善《政务服务中心首问负责制度》《政务中心限时办结制度》，推行微信办照和企业开办"一链办理"服务模式，优化返乡创业人员证照办理流程；佛坪县组建乡村振兴学院，持续开展乡村人才培训，为返乡创业提供人才支撑和智力保障。

第五章

产业振兴：

打造强劲乡村经济

引言：

　　乡村要振兴，产业是基础。要健全乡村产业体系，大力发展现代种养业、乡村特色产业、农产品加工流通业、乡村休闲旅游业、乡村新型服务业、乡村信息产业等。要优化乡村产业结构布局，强化县域统筹，形成县域产业集聚、镇域产业集聚。要加快"一村一品"示范村镇、农业产业强镇和优势特色产业集群建设。要提升农村产业融合发展水平，依托乡村特色优势资源，打造农业全产业链，开展农产品精深加工，满足消费者多样化个性化需求。要依托田园风光、绿水青山、村落建筑、乡土文化、民俗风情等资源优势，建设一批休闲农业重点县、休闲农业精品园区和乡村旅游重点村镇。要推动农业与旅游、教育、康养等产业融合，发展田园养生、研学科普、农耕体验、休闲垂钓、民宿康养等休闲农业新业态。要加快农村电子商务发展，深入推进"互联网+"农产品出村进城工程，规范引导网络直播带货发展，着力打造农产品网络品牌。鼓励能工巧匠和"田秀才""土专家"等乡村能人在乡创业，支持普通高等院校、职业院校和相关培训机构积极开展农业农村相关技能培训，推动农村创新创业升级。

第一节　优化乡村产业空间布局

乡村要振兴，产业是基础。产业要振兴，需要在空间上有效布局。因此，在做大做强乡村产业之时，就需要站在全域发展的高度布局产业发展空间，让乡村一二三产之间高效运作，才能实现城乡融合、资源合理利用、因地制宜发展。

一、强化县域统筹

在县域内统筹考虑城乡产业发展，合理规划乡村产业布局，形成县城、中心镇（乡）、中心村层级分工明显、功能有机衔接的格局。推进城镇基础设施和基本公共服务向乡村延伸，实现城乡基础设施互联互通、公共服务普惠共享。完善县城综合服务功能，搭建技术研发、人才培训和产品营销等平台。

发展县域经济是解决"三农"问题的重要途径，是实现就地城镇化的主要载体，是城乡一体化建设的重要任务之一。要强化县域统筹，需要做到图5-1所示的两点。

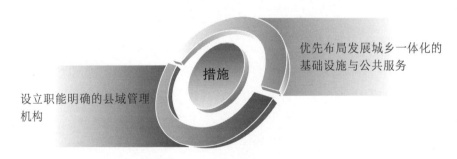

设立职能明确的县域管理机构

措施

优先布局发展城乡一体化的基础设施与公共服务

图5-1　强化县域统筹的措施

1.设立职能明确的县域管理机构

在产业空间布局规划中，政府在宏观调控、行政主导等方面发挥了重要作用，因此，只有通过高效的"有形的手"加以管理，才能理顺县城、中心镇（乡）、中心（村）不同层级的分工协作关系。许多省份都成立了相关机构，有的是"省县域经济领导小组办公室"，有的是"省县域经济研究（促进）会"，等等。架子搭起来了，更要提高行政管理效率，把惠民惠业的政策落实下去。具体在县镇村产业不同层级的布局上，政府应"先规划，后建设"，经过充分的调研、论证确定不同区域产业布局的重点、特色。这种调查论证离不开对当地发展历史，尤其是产业发展历史的考察，也离不开对当下经济社会资源的考察，在必要时还可邀请相关领域专家进行规划研究。

2.优先布局发展城乡一体化的基础设施与公共服务

脱贫攻坚时期乡村的基础设施条件已经得到一定改善，当前除了查漏补缺外，更重要的是推进县域公共服务向乡村延伸，如图5-2所示。

图5-2　县域公共服务向乡村延伸的方向

在县域服务延伸整合的过程中，县城进一步升级自身服务水平，可采取如图5-3所示的措施。

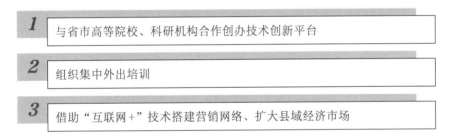

图5-3　县城升级自身服务水平的措施

值得注意的是，这些硬件、软件条件的改善离不开资金的支持，政府应主动扩大资金筹集范围，创新资金利用手段，如尝试政府购买服务、社会影响力债券等。

二、推进镇域产业聚集

推进镇域产业聚集，就要发挥镇（乡）上连县、下连村的纽带作用，支持有条件的地方建设以镇（乡）所在地为中心的产业集群。支持农产品加工流通企业重心下沉，向有条件的镇（乡）和物流节点集中。引导特色小镇立足产业基础，加快要素聚集和业态创新，辐射和带动周边地区产业发展。

小城镇的纽带作用及其工业小区对产业集群的效果在乡镇企业改革调整时即进行过探索，当前在镇域产业聚集上力推的是特色小镇建设。

数据平台

　　特色小镇发源于浙江，2014年在杭州云栖小镇首次被提及。2016年10月，住建部公布了第一批中国特色小镇名单，涉及32省份共127个。这些小镇是在各地推荐的基础上，经专家复核，由国家发展改革委、财政部以及住建部共同认定得出，并计划培育1000个左右各具特色、富有活力的休闲旅游、商贸物流、现代制造、教育科技、传统文化、美丽宜居等特色小镇，引领带动全国小城镇建设。

　　这样的小镇，不是建制镇，也不是风景区，而是结合产业、旅游、文化以及社区的理念设计的多功能产业集聚平台：一般在3平方千米左右，更多地选取在大城市的周边，易于集聚人才、资金等要素，更能促进经济转型升级和城市化。当然，特色小镇在发展过程中也要注意防止"房地产化"。

　　此外，农产品加工流通业是从农业延伸出来的乡村产业，是构建农业产业体系和促进一二三产业融合发展的"腰"，起着承前启后的重要桥梁纽带作用。支持其重心下沉应做到图5-4所示的两点。

加强农产品物流骨干网络和冷链物流体系建设，打通农产品物流节点，实现全过程无缝对接

要点

加强农产品镇域加工集群的建立

图5-4　农产品加工流通业重心下沉

三、促进镇村联动发展

　　促进镇村联动发展，其目的主要是让农民就地就近就业创业，改变原料在乡村、加工在城市，劳力在乡村、产业在城市的状况。镇村联动发展可以看作与特色小镇建设相配套的举措，而农工贸专业村的建设思路与特色小镇也有相似之处，需要找准特色，加强分工协作。

　　首先，在操作方面，这种农工贸专业村可以较多地借鉴日本"一村一品"运动，并结合当前农村合作社、加工车间和农户的已有实践经验。

比如，农业部在2011年就曾公布过全国"一村一品"示范村镇名单，这些专业村的发展经验可以多加推广。

其次，产业类型布局上，镇村这一级更多以劳动密集型为主，以农产品产业链延长为主。如基层政府可帮助村一级布局原料基地，改善仓储、运输等基础设施条件，镇一级布局对口承接的加工企业。此外，与脱贫攻坚中的扶贫车间经验相衔接，这些加工企业可以参与扶贫，进一步加强镇村联动，即由提供原料的农户在农村进行初加工，再运输到镇上。

最后，还有两方面需要注意：一是从农村角度来讲，镇村联动不是一对一，而是一对多，甚至是多对多的。这里要强调的是，镇域的各种农工贸专业村之间应该是彼此联动协作，甚至应该跨越镇域立足县域整体。这种小而专、专而联、各司其职的局面背后同样也离不开对专业村资源条件特色的挖掘。二是从农民角度来讲，在布局实现加工在镇、基地在村时同样需防止资本下乡"公司替代农户"，甚至"赶走"农户的问题，要真正实现增收在户。

四、支持贫困地区产业发展

支持贫困地区产业发展，要持续加大资金、技术、人才等要素投入，巩固和扩大产业扶贫成果。支持贫困地区特别是"三区三州"等深度贫困地区开发特色资源、发展特色产业，鼓励农业产业化龙头企业、农民合作社与贫困户建立多种形式的利益联结机制。引导大型加工流通、采购销售、投融资企业与贫困地区对接，开展招商引资，促进产品销售。鼓励农业产业化龙头企业与贫困地区合作创建绿色食品、有机农产品原料标准化生产基地，带动贫困户进入大市场。

支持贫困地区产业发展，要做好推进脱贫攻坚与乡村产业振兴的有效衔接，具体措施如图5-5所示。

图5-5 支持贫困地区产业发展的措施

1.政策力度不减

将资金、技术、人才等要素投入，并纳入乡村振兴战略架构下统筹安排，巩固和扩大产业脱贫攻坚成果。

2.聚焦重点区域

这也是产业布局要求中将"支持贫困地区产业发展"作为一个重点的来源。深度贫困地区尤其要注意发掘当地资源优势、景观优势和文化底蕴，在有条件的地方也可以如前所述打造"一村一品"示范村镇和休闲旅游精品点等，这对整合企业、农村合作社、农户利益，促进乡村整体经济社会发展都有帮助。

3.促进产销对接

当前我国农产品产销对接不紧密、不稳定问题突出，贫困地区尤甚，商务部市场体系建设司2018年还专门发布了有关农产品产销对接工作的相关文件。对于贫困地区产业布局，在相对缺少资源的情况下，尤其要注意创造利用资源。可以深入推进电子商务进农村综合示范，完善县、乡、村三级物流体系，构建农村产品上行通道。在产业发展过程中，也可以充分发挥电商平台大数据优势，形成交易品种、数量、价格和地区分布等产销信息大数据，把需求更加直接、快速、准确地反馈到生产端，促进产业精准定位，从而实现蓬勃发展。

第二节　促进产业融合发展

推进农村产业融合发展是构建现代乡村产业体系，实现乡村产业振兴的重要途径。当前，我国农村产业融合发展已经进入高质量持续推进的新时期。在新形势下，必须从功能价值挖掘、多元主体培育、新业态催生、新载体打造、新模式构建和产业链融合几个方面入手，全方位高质量持续推进农村产业融合发展。

一、挖掘农业农村功能价值

农业具有多功能性，除了提供农产品和生态产品外，还拥有教育、文化、景观、休闲、康养等诸多功能。同样，乡村作为农业生产活动的场所和城市的后花园，在政治、经济、社会、文化、生态等领域都承担着特殊的功能，具有多元的价值。

充分挖掘农业的多种功能和乡村的多元价值，是推动农村产业融合发展，构建各具特色的现代乡村产业体系的基础和前提。

2022年中央一号文件明确指出：要"鼓励各地拓展农业多种功能、挖掘乡村多元价值，重点发展农产品加工、乡村休闲旅游、农村电商等产业"。

就拓展农业多种功能而言，其核心主要是沿着图5-6所示的三个方向展开。

充分挖掘和拓展农业的生产功能、生活功能、生态功能、景观功能、休闲功能、教育功能、文化传承功能等，大力发展生态农业、休闲农业、观光农业、创意农业等，推动农业产业链条的多维延伸

按照前后两端延伸的思路打造农业全产业链，构建贯穿于农业生产全过程、全方位的产前、产中和产后服务体系，实现农业的纵向融合和一体化

促进农业与农产品加工、文化旅游、电商物流等二三产业的深度融合，实现农业的横向融合和一体化

图5-6 拓展农业多种功能的措施

就挖掘乡村多元价值而言，还需要充分发挥乡村的经济、文化、教育、生态等价值，大力发展乡村特色优势产业和新型服务业，为乡村振兴和农民富裕提供产业支撑。

二、培育多元融合主体

与城市产业融合不同，农村产业融合主体除了企业和机构外，还有农民合作社、家庭农场和广大农民，呈现出多元化的特征。近年来，新型农业经营主体的兴起，推动新型生产经营和服务方式加快普及，农业生产方式正在加快向规模化、集约化、社会化、融合化、绿色化方向转变。

持续推进农村产业融合发展，培育多元融合主体，需要做到图5-7所示的三点。

充分发挥有效市场和有为政府的合力作用，积极培育多元化的产业融合主体，鼓励龙头企业在"做大做强"的基础上不断"做优做高"，使之成为引领农村产业融合发展的领头羊

继续加强"空壳"农民合作社整治清理和家庭农场规范化建设，加快农民合作社和家庭农场转型升级

加强新型农业经营主体之间的分工合作，通过相互入股、组建新主体等方式，构建多领域、多层次、多形式的农业产业化联合体

图5-7 培育多元融合主体的措施

需要指出的是，推进农村产业融合不单纯是新型主体的事情，对于农民的主体作用更不容忽视，要依靠政策支持和新型主体的引领带动，引导小农户广泛参与，充分调动广大农民的积极性、主动性和创造性，同时鼓励农民创新创业，推动产业链与创新链融合。

三、催生农村产业融合新业态

乡村产业的振兴需要新业态的不断涌现。作为一种新型经济形态，新业态是以市场需求为导向，从现有产业领域衍生的新环节、新活动。生物技术、人工智能、信息技术等新技术在农业农村领域的应用以及居民消费需求的不断升级，加速了农村一二三产业的融合，而农村产业融合通过技术创新和模式创新，又将不断催生出众多的新产业新业态。这些新产业新业态有图5-8所示的类型，可谓种类繁多、发展迅速。

图5-8　新产业新业态类型

持续推进农村产业融合发展，必须适应当今我国城乡居民消费转型升级的需要，依靠技术和模式创新不断催生产业融合新业态。要鼓励各地大胆实践，积极探索符合本地实际的产业融合新业态，对那些代表行业发展趋势且行之有效的做法，应加大宣传推广力度。需要注意的是，各地正在探索的一些产业融合新业态，如信任农业、农业众筹、社区支持农业、共享农庄等，由于是近年来兴起的新生事物，目前还缺乏相应的标准和规范，需要在实践探索中不断丰富完善，具体要求如图5-9所示。

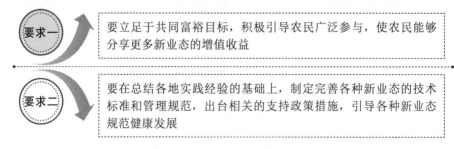

图5-9　产业融合新业态的要求

正因如此，2022年中央一号文件特别强调要支持农民直接经营或参与经营的乡村民宿发展，促进农副产品直播带货规范健康发展。

四、打造农村产业融合新载体

实现城乡融合和产业协同发展，迫切需要形成多元的产业空间载体作为撬动城乡融合的新支点。城乡融合发展是梯队展开的过程，并根据区位优势、资源优势等形成不同的空间格局。同时，结合乡村建设行动的实施，把乡村优美环境、人文风俗、历史文化、特色资源等进行集中和集聚，实现从单向城市化到城乡融合的转变，加速人口、资本、土地在城乡之间合理配置，推动产业、文化、旅游和社区等功能性要素的融合，优化城乡空间布局，打造出宜业宜居宜游的新型空间格局。重点打造如图5-10所示的三种类型的空间格局。

图5-10　重点打造的空间格局

1.城市近郊特色小镇

城市群、都市圈、城市周边等具有城乡接合部区位特点的地区，由于区位优势明显，适合作为集聚要素、培育产业的空间载体。在这些区域，利用相对低成本的创业场地、优质的产品和服务，实现农村劳动力、特色资源和城市的科技、资本等有机结合，形成集聚特色产业的创新创业生态圈，打造成具有如图5-11所示特点的特色小镇，加速人口在城乡之间流动，资本在城乡之间布局，形成新型城乡融合发展平台。

图5-11　特色小镇的特点

2.县域的县城及城镇

利用县域经济内循环纽带和外循环节点的双重作用，做大做强县城和城镇，有效促进城乡融合发展。

一方面，县城及城镇是城乡联系的重要纽带，也是城乡融合发展的重要载体。县城和城镇周边城乡要素流动频繁，农村要素向城镇集聚，工业和农业互促明显。另一方面，县城及城镇也是县域经济与中心城市要素流动的节点，能够率先承接中心城市或先进地区的产业转移。

3.产业园区

在资源条件和区位条件比较好的区域，布局产业园区，推动产业向园区集中，实现集约化发展，提升工业发展效益。大力发展农产品加工业，实现农业产业化与农产品加工业的联动发展。

近年来，农业农村部已经在全国探索创建了一批现代农业产业园、农村产业融合发展示范园、优势特色产业集群、全产业链重点链和农村一二三产业融合发展先导区。2022年中央一号文件进一步强调，要推进现代农业产业园建设，培育优势特色产业集群，继续支持创建一批国家农业产业融合发展示范园。

以农业产业集群、乡村旅游产业集群、农产品加工产业集群等为核心的乡村产业集群，是推动农村产业高质量融合发展的有效空间载体。

比如，农业产业集群就是农业及相关产业活动在特定地域范围内集聚而形成的一个有机的具有生命力的产业群落，它是以农业为基础的产业链延伸以及农业与二三产业相互融合的结果。

五、构建共享型产业融合新模式

从微观角度看，虽然在一个企业或家庭农场内部也能够实现产业融合，但从宏观角度看，无论是市域、县域还是镇域和村域范围内，参与产业融合的主体大都是多元的。农村产业融合的关键，是构建公平合理的利益联结机制，使各融合主体如龙头企业、农民合作社、家庭农场、村集体和农民等形成一个发展共同体。这种发展共同体实质上是一种共享型的产业融合新模式。所谓共享，就是各融合主体要公平合理地分享产业链增值和融合发展利益。

目前，各地在推进农村产业融合的过程中，通常采取如图5-12所示的方式，构建形式多样的利益联结机制，如订单收购+分红、土地流转+优先雇用+社会保障、农民入股+保底收益+按股分红等，有力促进了农民持续稳定增收。

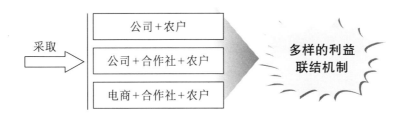

图5-12 产业融合过程采取的方式

推进乡村产业发展共同体建设，最为关键的是如何通过利益联结机制形成利益共同体，使各主体都能够分享产业融合的增值收益，最终实现参与各方的利益共享，尤其要正确处理好各新型主体和广大农民主体的利益关系，如图5-13所示。

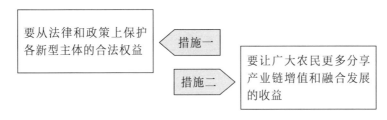

图5-13 正确处理各新型主体和广大农民主体的利益关系

新型主体通常在产业融合中占据主导地位，应充分发挥其引领带动作用，切实保护经营者的合法权益。与新型主体相比，农民主体往往处于相对弱势地位，要避免资本对农民利益的侵害，有效防范各种风险。

比如，由于缺乏系统的资源估价技术规范和科学方法，一些村庄在将文化旅游资源、土地、房屋、基础设施等入股参与经营时，往往折价较低，有的出让期限过长，由此导致农民利益的损失。

此外，推进农村产业融合还要有风险防范意识，既要防止耕地流转中的"非粮化"倾向，坚决制止耕地"非农化"，确保国家粮食安全的战略底线，又要防止工商资本下乡"圈地"，造成耕地被荒废、闲置，或者因盲目下乡和缺乏监管造成"跑路烂尾"，要确保农民的利益不受损。

六、延伸融合农业产业链

农业全产业链融合是农村产业融合发展的重要内容。农村产业融合发展已成为构建现代农业产业体系重要内容，成为实现农业农村现代化的重要途径。促进农业全产业链融合的措施说明如表5-1所示。

表5-1 促进农业全产业链融合的措施

措施	细分措施	具体说明
培育经营主体	培育龙头企业壮大融合骨干力量	扶持一批以龙头企业带动、合作社和家庭农场跟进、广大小农户参与的农村产业融合体，建立紧密型利益联结机制，一起闯市场、提质量、创品牌，把就业岗位留在农村、增值收益留给农民
	发展农民合作社增加融合主体	培育农民合作社联合社，探索发展公司化合作社，支持家庭农场与农民合作社联合向加工流通、休闲旅游和电子商务拓展，以自营或者与龙头企业联营，扩品种、提质量、创品牌，让农户分享更多增值收益
	构建产业化联合体扩大融合范围	支持发展行政区域范围大型产业化联合体，积极发展产业园区内中型产业化联合体，鼓励发展企业、合作社与农户组成小型产业化联合体，发挥各主体优势，提高农户参与度，以联合体的方式提升产品质量
打造平台载体	建设产业园区推进融合	引导资金、技术、人才、信息、设施、装备等向园区聚集，建设一批特而强、聚而合、精而美的产业融合示范园，认定农村一二三产业融合发展先导区，形成多主体参与、多要素聚集、多业态发展、多模式推进的融合格局
	建设农业产业强镇推进融合	立足镇（乡）产业基础，创建一批标准原料基地、集约加工转化、区域主导产业、紧密利益联结于一体的农业产业强镇，建设以乡镇政府所在地为中心的经济圈，实现加工在镇、基地在村、增收在户
	打造产业集群推进融合	支持各地发展乡村产业园，催生一批名企、名品、名家，打造一批小众类、中高端、精致化的乡村特色产业生产基地和园区，成为乡村各类市场主体，成为降低成本、抱团发展、提质增效和转型升级的重要载体，形成百亿级产业融合集群，共促产城融合和新型城镇化发展
培育创新创业动能	培育创新创业群体扩大融合新生力量	落实创新创业扶持政策，引导农民工、大中专毕业生、退役军人、科技人员等返乡下乡人员和本乡"田秀才""土专家""乡创客"到乡村创新创业，支持返乡农民工到县城和中心镇就业创业
	搭建创新创业平台强化融合新的支撑	举办农村创新创业项目创意大赛，宣传推介创新创业带头人、优秀乡村企业家典型和典型县。创建一批具有区域特色的农村双创示范园区和实训孵化基地，努力营造激情涌现、活力迸发的氛围，共促农村产业融合
培育新产业新业态	做亮乡土特色产业拓展融合空间	发展区域特色鲜明的小宗类、多样化粮、油、薯、果、菜、茶、菌、中药材、养殖、林特花卉苗木等特色种养。发掘一批农村匠人、剪纸工、年画工等能工巧匠，创响一批"独一份""特别特""好中优"的"土字号""乡字号"品牌

措施	细分措施	具体说明
培育新产业新业态	做强农产品精深加工打通融合结点	按照"粮头食尾""农头工尾"要求，建设一批产业规模大、创新能力强、示范带动好的精深加工基地，建成一批专业村镇和加工强县，指导推介百强农产品加工企业，推动一产往后延、二产两头连、三产连前端
	打造休闲旅游精品丰富融合业态	建设一批设施完备、功能多样的休闲观光园区、乡村民宿、农耕体验等休闲旅游景点，打造特色突出、主题鲜明的休闲旅游精品，强化创新创意，提升管理服务水平，让消费者养眼洗肺、开心舒心

第三节　培育乡村特色优势产业

对乡村产业而言，特色是乡村产业发展的基础，优势是乡村产业发展的目标，两者有机结合形成的特色优势产业是乡村经济发展的重要支撑。推进农业农村现代化、实现乡村振兴，要坚持因地制宜、创新驱动、绿色生态、融合拓展，加快培育壮大特色优势产业，激发乡村经济发展活力。

一、因地制宜，明确产业发展路径

发展特色优势产业要立足当地资源禀赋，宜种则种、宜养则养、宜林则林、宜游则游，明确产业类型、发展方向和空间载体，逐步形成合理的区域分工和专业化生产格局，具体措施如图5-14所示。

图5-14　坚持因地制宜的措施

1.打造特色农业经济板块

各地自然、地理、气候等农业生产条件各不相同。要结合各地农业资源禀赋和比较优势，以主体功能区划确定的农产品主产区为主体，科学合理划定粮食生产功能区、重要农产品生产保护区和特色农产品优势区，重点形成如图5-15所示的区域空间布局，打造特色农业经济板块。

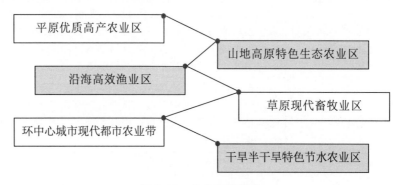

图5-15　特色经济板块

2.壮大特色优势主导产业

发展特色优势产业的一个重要方面，是聚合要素资源打造规模化、专业化、市场化的特色优势主导产业，具体措施如图5-16所示。

要综合考虑现实基础和长远定位，按照各具特色的原则，以县域为单元培育发展特色主导产业，统筹资金、土地、人才、技术等要素资源予以扶持，形成一县一业、一村一品的特色优势产业发展新格局

精准锁定特色优势主导产业，按照"小产品、大市场"要求抓实抓细，每个县重点发展一个主导产业，注重打造单体优势，争创单品冠军，持之以恒做大做强

图5-16　打造特色优势主导产业的措施

3.发展特色优势产业园区

现代农业园区是特色优势产业的示范区和引领区，是吸引投资、试验推广、三产融合的重要平台。

（1）要统筹农业产业园、科技园、创业园、加工园、出口园等各类园区建设，采取园区联盟、兼并、托管等多种形式，实现不同园区的资源共享、政策互通、产业互联，大力发展具有如图5-17所示功能的特色优势产业园。

（2）支持不同类型经营主体围绕特色优势产业链开展横向联合、纵向分工，重点建设特色优势产业强村、强镇，培育打造如图5-18所示的特色优势产业集群。

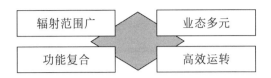

图5-17　特色优势产业园的功能

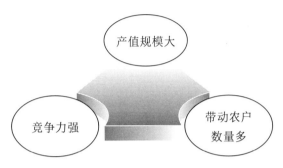

图5-18　特色优势产业集群的特点

二、创新驱动，强化产业科技支撑

创新是产业发展的关键，在产业竞争中占据核心地位。提升特色优势产业的核心竞争力，要着眼科技进步前沿，推进自主研发与应用推广有机结合、科技创新与产业发展有机融合，加快构建符合农业产业发展实际的特色技术创新体系，具体措施如图5-19所示。

图5-19　坚持创新驱动的措施

1.加强特色优势产业领域科技自主创新

关键核心技术是要不来、买不来、讨不来的。只有把关键核心技术掌握在自己手中，才能从根本上保障国家经济安全、国防安全和其他安全。农业是关系国家安全的基础性产业，关键核心技术必须依托自身资源禀赋走自主研发的特色化发展道路，具体措施如图5-20所示。

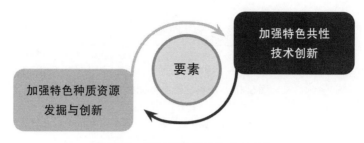

图5-20　掌握关键核心技术的要素

（1）加强特色种质资源发掘与创新。全面普查特色农业种质资源，推进种质资源的收集保存、鉴定和利用，加强种质资源库建设，在培育高产、抗病、优质新品种方面加大研发投入，开展农作物和畜禽良种联合攻关，有序推进生物育种产业化应用，促进育繁推一体化。

（2）加强特色共性技术创新。立足农业资源禀赋特征和产业发展需求，重点开展如图5-21所示重点领域的自主研发，在核心关键技术领域掌握适合我国农情的尖端技术，形成"人无我有、人有我优、人优我特"的农业高新技术体系。

图5-21　可自主研发的重点领域

2.推进科技创新成果在特色优势产业领域应用转化

我国农业科技进步贡献率刚刚突破60%，依靠科技提升农业发展质量的空间依然较大，如图5-22所示。

要加强创新链与特色产业链深度融合，以先进技术和现代经营管理方式改造提升传统优势产业，催生新兴优势产业，促进特色优势产业分工和产品品类精细化，提升特色优势产业规模与品质

完善产学研合作机制，深入实施科技特派员制度，支持开展特色化、适用性强的科技服务，培养特色农产品生产技术能手，让更多农户掌握特色农产品生产技术和科学管理模式

图5-22　农业发展质量可提升的空间

三、绿色生态，彰显产业内在价值

绿色生态是农业最大的发展优势，要将绿色发展导向贯穿农业生产全过程，以标准化建设提升特色优势农产品质量和安全水平，以保护性开发强化农业生态资源独特优势和价值，具体措施如图5-23所示。

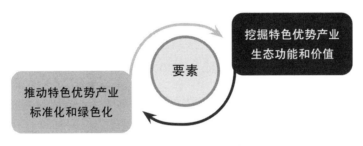

图5-23　坚持绿色生态的措施

1.推动特色优势产业标准化和绿色化

随着生活水平的提高，人们对绿色优质农产品需求日益升级。满足人们对绿色生态的需要，需做到图5-24所示的两点。

完善生产标准体系提升产品质量	完善绿色标准体系确保生态安全
建立一套适合我国国情、符合国际惯例的特色农产品生产和品质标准体系，对特色农产品生产、加工进行规范化管理。对标国际先进标准，建立产业精细化管理与产品质量控制体系，采用国际通行的良好农业规范，逐步推动特色优势农产品品质向顶级延伸	全面保护特色优势产业的生态本底，加强农业面源污染治理，规范使用无公害农业投入品，广泛推行绿色生产方式，逐步实现农产品的安全检测向产地环境绿色认证转变

图5-24　满足人们对绿色生态需要的措施

2.挖掘特色优势产业生态功能和价值

特色优势产业集中区大多是自然资源保护较好、生态环境比较优越的地区，应充分借助这一优势，在严格保护的前提下，积极发展休闲农业和乡村旅游，广泛吸引城市投资和消费，带动当地农户发展如图5-25所示的配套产业，拓宽农民增收渠道，实现产业兴、生态美和百姓富的有机统一。

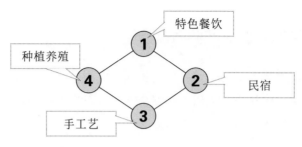

图5-25 可发展的配套产业

四、融合拓展，提升产业辐射带动力

完整的产业链和完善的生产服务体系是提升特色优势产业辐射力、带动力的关键，要突破传统生产模式和范围局限，推动特色优势产业与现代服务业深度融合，持续扩大产业增值空间、市场影响力和经营主体覆盖面，具体措施如图5-26所示。

图5-26 坚持融合拓展的措施

1.延伸拓展特色优势产业链条

着力打造产加销一条龙、贸工农一体化的全产业链，推动要素跨界配置和产业有机融合，积极发展新业态新模式。

（1）加快发展特色加工业。立足县域实际，布局特色优势农产品产地初加工和精深加工产业，传承传统工艺保持独特品质和风味。依托先进工艺开发农产品营养、保健和药用功能，更好地满足现代化、个性化市场需求。

（2）大力发展数字农业。加快5G智慧农业场景营造与推广，重点开发智慧种植、智慧畜牧、智慧农机等应用模块，积极发展共享农业、定制农业等新业态。整合特色农业信息资源，建立特色农产品信息平台，实现特色农产品生产、技术、供求等相关信息的共享。支持返乡创业人员围绕特色优势景观资源和农产品，发展以网红地打卡、直播带货、农村电商等为代表的流量经济和粉丝经济。

2.加强特色优势产品品牌建设

品牌是特色优势产业的客观标识和无形价值，要全方位开展品牌创建，持续扩大品牌影响力，具体措施如图5-27所示。

 强化经营主体商标意识，鼓励有条件的企业、行业协会注册特色农产品商标，扩大品牌产品市场占有率

 鼓励县域申报国家地理标志保护产品，有效保护特色资源，提升特色优势产业和产品品牌知名度

 支持更多产品争创"中国名牌"和"中国驰名商标"，发挥品牌效应，提高特色优势农产品市场认知度和美誉度

 加强品牌管理，实现品牌创建、质量管理和信息追溯一体联动，以品牌建设提升产品竞争力

图5-27 加强特色优势产品品牌建设的措施

3.构建现代化经营体系

（1）着力解决特色优势产业经营分散、带动能力弱的现实问题，依照不同类型经营主体需求制定差别化支持政策，密切主体间合作关系，实现小农户与现代农业发展有机衔接。

（2）扶持建立特色优势农产品农民合作组织，增强农民合作组织市场竞争力。

（3）支持龙头企业在特色优势产区建设生产、加工和出口基地，发挥引领带动作用。

（4）创新经营合作方式，鼓励龙头企业、合作社与普通农户建立稳定的利益联结机制，让农民分享更多特色优势产业链各环节增值收益。

第四节 推动创新创业升级

创新是我国实现农业高质量发展的重要途径，近年来，各级农业农村部门认真贯彻中央关于创新创业部署，切实落实创新创业政策，搭建能人返乡、企业兴乡、市民下乡平台，将智创、文创、农创引入乡村，促进资源要素活力竞相迸发和创新创业源泉充分涌流。目前，创新创业正在广袤农村风生水起，为乡村产业振兴注入新动能，也为城乡融合发展开辟新通道。

一、以产业融合推进农村创业创新升级

产业融合是乡村产业振兴的根本途径，也是农村创业创新的重要方向，具体措施如图5-28所示。

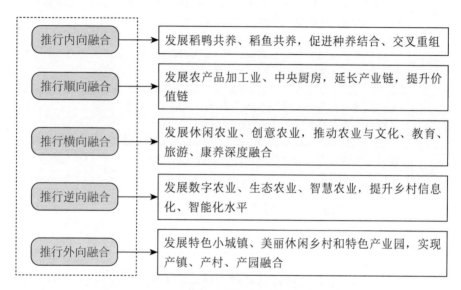

图5-28　以产业融合推进农村创业创新升级的方式

二、以绿色理念引领农村创业创新升级

绿色是农业农村的底色，也是发展最高追求和最高目标，具体措施如图5-29所示。

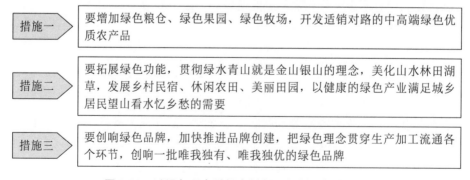

图5-29　以绿色理念引领农村创业创新升级的措施

三、以资源整合支持农村创业创新升级

资源要素是创业创新的物质基础，集聚资源要素需要各方的共同努力，具体措施如图5-30所示。

措施一	要优化政策，落实国家支持创业创新各项政策，创新金融服务，完善用地政策，吸引各类人才到乡村创业创新
措施二	要把以农业农村资源为依托的二三产业留在乡村，把就业岗位和增值收益留给农民
措施三	要搭建创新平台，进一步集成政策，集中要素，集聚产业，支持建设一批农村创业创新园区和孵化实训基地
措施四	要举办农村创业创新大赛，宣传推介创业创新优秀带头人、企业家和典型县
措施五	要强化服务，进一步推进放管服改革，优化营商环境，培养一批农村创业创新导师和领军人物，让创业创新群体便捷对接市场，促进农村创业创新在更高层次、更大范围、更广领域开展

图5-30　以资源整合支持农村创业创新升级的措施

四、以联通联动推进农村创业创新升级

多主体参与，多模式联合，是推动创业创新的有效途径，要主动协作推进创业创新。现在的市场是买全国卖全国，买全球卖全球的大市场，仅靠单个主体跑单方已经难以抵御各类风险，具体措施如图5-31所示。

措施一	要树立现代企业经营理念，通过大联合、大合作开展创业创新
措施二	要运用互联网思维和信息化技术，推动生产、加工、流通和消费的有效衔接，实现信息共享、利益共享
措施三	要加大技术集成创新，推广在农业生产、农产品加工、新业态培育等层面综合利用，提高农村创业的质量和效益

图5-31　以联通联动推进农村创业创新升级的措施

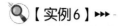

福建永安：科技+人才让竹山变金山

福建三明永安市是中国笋竹之乡。以前，当地竹子利用主要以做笋干为主，经营粗放，亩产值约500元；加工方面，长期以竹香芯、竹席、竹胶合板为主，产业发展水平低。如今，通过加大科技与人才支撑，永安市发展成为国家竹产业科技示范园区、国家竹精深加工"特色产业基地"、省竹产业一二三产业融合发展示范县，农民人均竹林面积6.7亩，居全国第一，探索出一条富有成效的、可复制推广的竹乡振兴之路。

增加科技服务有效供给，激活全竹产业链。首先，科技兴竹提升一产。永安整合竹产业科技资源，汇集国内竹业科研院所140余项前沿技术成果，并定向发放给竹企业、林业站、竹农；与竹企共同开展水性"0"甲醛竹家具、竹皮饰面复合板材、竹加工定制机械设备等技术领域的项目研究，大力试验和推广竹山机械应用、笋干烤制设备等，协助引导建立竹林下套种多花黄精、金线莲、竹荪等林下经济示范基地，为上坪乡荆坪村规划设计竹笋集中加工区，不断提升竹山和竹子的利用效率。其次，策立项目壮大二产。永安市策划可行性强、前景广阔的竹产业优质项目，成功引进孵化10多家企业，指导企业进行技术升级。同时，承办全国竹藤产业发展政策培训班，举办竹产业技术对接会、研讨活动等9场，为永安竹企的产业升级、技术改造明确发展方向、提供技术支持。再次，展销并重拓展三产。通过承办世界竹藤大会，组织竹企业优质产品参展中国（上海）国际家具博览会、广州家居设计展等各类展会，技术支持约旦、马来西亚等竹天下体验馆开办等方式，提升永安竹品牌在国内外的影响力。

对接竹企需求，引进各类人才。永安市引进全国第一位竹家具方向博士技术团队，创建全省首家竹产业研究院；依托多元化的人才团队，搭建技术服务平台、专家咨询平台、设计研发平台等社会化公共服务平台，实现"服务"与"需求"无缝对接。比如，永安市先后与国际竹藤组织、国际竹藤中心、中国林科院、清华大学、华南理工大学等院校及研究机构联手，与122名产业专家及跨界专家建立深入合作，建立国内领先的竹产业专家顾问库，提供竹产业规划、技术研究、技术转移、生产及市场销售等咨询服务。永安市还成立了中国竹产业协会设计师分会，连续举办7届国际（永安）竹居空间设计大赛，累计征集作品近万件，作品转化百余件，直接带动企业市场销售上千万元。

据统计，永安市共有各类竹加工企业超过200家，竹加工产品400多个，竹业年产值从2013年的35亿元到2020年的91亿元，竹林平均亩产值由590元提升到1137元，竹农人均竹业收入由2500元提升到7720元，竹产业成为当地的新兴支柱产业之一。永安竹林业提振乡农的实践也获得央视频、新华网、人民日报、求是网、福建日报、中国改革报等多家媒体宣传报道。小竹子，大产业，福建永安将千万亩竹山转化为千亿金山，是全国乡村产业振兴、人才振兴和生态振兴相融合的典范。

（本案例由永安市竹产业研究院院长、
深圳职业技术学院副教授江敬艳博士提供）

第六章

美丽乡村：

坚持生态宜居道路

引言:

广大乡村,是农民群众的生活家园。良好环境,是农民群众的深情期盼。实施乡村振兴战略,乡村建设是重要任务。中央一号文件聚焦农民迫切的民生需求,提出"扎实稳妥推进乡村建设"。因此,美丽乡村建设是体现乡村振兴成果的重要物质载体。另外,生态宜居也可以反映很多精神层面的内容,无论是保护特色村寨、基础设施建设、数字乡村建设、还是加强基本公共服务,其宗旨都是围绕着改善和提升农村人居环境来展开的。

人居环境的提升可以缩小城乡差别,使人们在乡村就可享受到现代化成果,增强农民的自豪感和生活自主性。打造富有特色的乡村风貌,还可在一、二产业之外,拓展出多种类型的第三产业文旅项目,提升当地的经济收益和人口活力。当越来越多的城市人群被美丽的乡村环境所吸引,不管是短期度假还是长期定居,都能促进城乡间的多维度交流,加快城乡一体化的进程。持续改善的人居环境不断提升村民生活的质量,是产业融合发展的重要基础,也是乡村振兴的重要目标,更是农民群众自立、自信和自强的底气。

第一节　健全乡村建设实施机制

一、明确乡村建设实施机制

2022年中央一号文件在总结各地做法的基础上，对乡村建设的实施机制提出了更加明确的要求，重点要做到如图6-1所示的"三个坚持"。

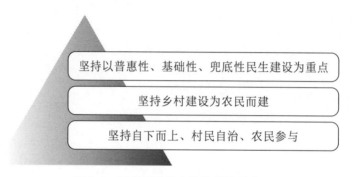

坚持以普惠性、基础性、兜底性民生建设为重点

坚持乡村建设为农民而建

坚持自下而上、村民自治、农民参与

图6-1　对乡村建设实施机制的要求

1.坚持以普惠性、基础性、兜底性民生建设为重点

乡村建设一个基本的目标，就是改善农村生产生活条件，努力让农民就地逐步过上现代文明生活。需注意目标和标准不要定得太高，水平、标准、档次可以因地制宜、高低有别，重点是保证基本功能，解决突出问题。加强农村道路、供水、用电、网络、住房安全等重点领域基础设施建设，持续整治提升农村人居环境。特别是对于那些既有利于生产，又有利于生活的设施，比如农村道路、仓储冷链和物流设施等要优先安排，加快建设。

2.坚持乡村建设为农民而建

推进乡村建设要充分尊重农民意愿，农民期盼干的抓紧干，农民愿意干的带着干，农民不愿意干就先放一放、缓一缓。充分认识乡村建设的长期性、复杂性，把握好工作的时、度、效，坚持数量服从质量、进度服从实效，求好不求快。立足村庄基础搞建设，注重保护传统村落，保留村庄风貌、形态、肌理。不盲目拆旧村、建新村，不超越发展阶段搞大融资、大开发、大建设，严格规范村庄撤并。

3.坚持自下而上、村民自治、农民参与

农民是乡村生产生活的主体，搞乡村建设不能自上而下定指标、下任务，关键

是要把农民组织动员起来，充分发挥农民的主体作用。农民应该干的要尽量交给农民干，特别是农民户内和房前屋后的事，比如农村厕所改造、庭院环境卫生和绿化美化等，这些主要是农民自己的事，可以放手发动农民群众来干。政府重点做农民干不了、干不好的事，比如农村改厕涉及的供水保障和污水处理，生活垃圾的收集转运和集中处理以及村庄公共环境整治，这些事情政府必须干好。

二、乡村建设要"求稳"

2022年中央一号文件提出的乡村建设坚持"求好不求快，不超越发展阶段"等原则备受关注。一段时间以来，部分地区在乡村建设上，要么"动作迟缓"试图"躺平"，要么不切实际"大干快干"，引发诸多隐患。在"三农"工作进入全面推进乡村振兴的新阶段之际，乡村建设进一步把握好"时、度、效"，以"稳"为重，实在不可轻忽。

乡村建设要持之以恒贯彻以"稳"为重的理念，关键在于图6-2所示的两点。

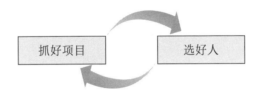

图6-2　乡村建设以"稳"为重的关键

1.抓好项目

要进一步结合不同区域、不同乡村的禀赋实际，在科学研判基础上实施"适配建设"，同时也需要培养一批有担当、有能力的"底气干部"不断发挥引领和带头作用，从而不断落实"乡村振兴为农民而兴、乡村建设为农民而建"的总体要求。

所谓"适配建设"，指的是无论招商引资还是基建项目，既要从群众的实际需求出发，也要与村庄整体气质相符合，这条主线坚决不能偏。

比如，2000年中央一号文件中，对于接续实施农村人居环境整治提升五年行动，就特别强调，从农民实际需求出发推进农村改厕，而非不切实际地"一刀切"。

在一些乡村振兴成绩显著的农村，乡民将破旧的老屋加以改造，嵌入颇具设计感的装饰，老屋反而焕发别具一格的历史风味，成了抢手的民宿，也带动大家务工赚钱，一举多得。乡村建设不能"想方设法"大拆大建谋利益，而是要设身处地精益求精谋民心。

2.选好人

此外，针对群众需求"升级"、干部供给"降级"的现实，急需一批"底气干部"带动发展。脱贫攻坚促使绝大多数农村基础设施明显改观，产业发展势头良好。打好了发展基础，村民们的期盼和需求也在不断"升级"，但值得注意的是，一些地方基层干部的"供给"却降级了。

当下，村民们期盼的是这样的"底气干部"：不仅要有善于管理村级事务、提升基层治理水平的"职业本能"；要有生意头脑、带领群众共同致富的"市场潜能"；还要有敢为人先，不断追赶超越的"创新动能"。

机制保障上，目前，全国多地已经开展通过考试将优秀的村社区干部录用到乡镇街道公务员，解决"身份""待遇"等现实问题，给予不少基层干部以动力。但"引才回村""活用乡贤"的措施仍需不断活化出新，才能为基层锻造出更具带动性和创造性的乡村干部。

三、乡村建设要防范地方债务风险

推进乡村振兴战略实施，必须防范化解村级债务风险。应立足村庄现有基础开展乡村建设，不盲目拆旧村、建新村，不超越发展阶段搞大融资、大开发、大建设，避免无效投入造成浪费，防范村级债务风险。

对此，可从图6-3所示的两方面措施着手。

措施一　乡村建设主要服务的对象应该是留守在农村的农民，要在养老服务设施、农业基础设施等方面不断提高公共服务水平，让农民、农村也能够享受现代化的发展成果

措施二　乡村建设要以普惠性投入为主，且要适可而止。警惕脱离实际的"强富美"，杜绝"大跃进"式的规划，垒高地方债务

图6-3　防范地方债务风险的措施

四、不盲目拆旧村、建新村

乡村建设的过程要立足村庄现有基础开展建设工作，不盲目拆旧村、建新村是今后建设的一个原则，为了避免大拆大建的现象再次出现，国家已经不是第一次强调这个问题，2022年再次提及，也可以看到国家非常重视村庄的建设工作，以后开展撤并搬迁、合村并居等工作也会按照要求进行，这个底线是不可以突破的。

五、严格规范村庄撤并

过去，盲目的村庄撤并在部分地方很普遍，这侵犯了农民的基本利益，激进的乡村建设也违背客观规律。

2021年6月1日，《中华人民共和国乡村振兴促进法》正式施行，针对"严格规范村庄撤并"规定：县级人民政府和乡镇人民政府应当优化本行政区域内乡村发展布局，按照尊重农民意愿、方便群众生产生活、保持乡村功能和特色的原则，因地制宜安排村庄布局，依法编制村庄规划，分类有序推进村庄建设，严格规范村庄撤并，严禁违背农民意愿、违反法定程序撤并村庄。

2022年中央一号文件提到，统筹城镇和村庄布局，科学确定村庄分类，加快推进有条件有需求的村庄编制村庄规划，严格规范村庄撤并，不得违背农民意愿、强迫农民"上楼"，把好事办好、把实事办实。

在村庄撤并标准的制定上，不同地区需要根据自己的农情制定有适应性的标准。农民进城应该是农民根据家庭情况、经济条件自己所做的决策，政府在这个过程中需要做的主要工作应该是引导。

六、保护特色民族村寨

乡村建设的核心目标还是要改善民生，为提升人居环境与乡村振兴而建，且要遵循因地制宜、有序推动的基本原则。同时，对原有村落开展集中连片保护利用示范，保护特色民族村寨，实施"拯救老屋行动"。

 数据平台

数据显示，我国各级传统村落总数约3万个，其中全国55项世界文化和自然遗产大都与传统村落的密集区高度契合，1300多项国家级非遗和7000多项省市县级非遗，绝大部分都在传统村落里。

2022年中央一号文件提出，扎实稳妥推进乡村建设，健全乡村建设实施机制，实施"拯救老屋行动"。

拯救老屋的价值和意义，在于发掘农业文化遗产的历史价值、文化和社会功能，增强国民对民族文化的认同感、自豪感，带动全社会对民族文化的关注和认知，弘扬中华农业文明，促进农业、农村可持续发展。现在一些农村地区通过发展民宿，对老屋活化利用进行了有益探索实践。比如，鼓励产权人进行合理利用，以市场化形式，打造高端民宿、景观公园，在硬性保护、适度利用中，既满足生产生活基本需要，让老屋原貌长期留存，还焕发出勃勃生机。

拯救老屋是保护传承优秀传统文化、推动经济社会协调发展的民生工程。各地除了做好引导调控外，还需研究老屋的多元保护利用途径。挖掘村落的非物质文化遗产，推动建立民俗文化展演机制，让传统民俗活动再现乡间；挖掘历史记忆、探寻名人逸事、修缮宗祠、寻找家规族训，建立系统详尽的文字、图片、音像档案；在高效生态农业、传统手工业、休闲旅游业等多元业态培育上下功夫……多方位助力、多层面发力做好老屋拯救，积淀深厚的乡村历史和村落文化不再流失，才能真正"留住一方乡愁"。

第二节　提升农村人居环境

农村人居环境整治是一项涉及面广、内容多、任务重的系统工程，不仅是一场攻坚战，更是一场持久战。要以农村厕所革命、生活污水和垃圾治理、村容村貌提升为重点，全面提升农村人居环境质量，为全面推进乡村振兴、加快农业农村现代化、建设美丽中国提供有力支撑。

一、推进农村厕所革命

农村厕所革命本质上是一种倒逼机制下的生活方式革命，是推进农村人居环境整治，实现乡村文化振兴、生态振兴的重要举措，也是推动农村全面进步、农民全面发展的有力抓手。

进入新时代以来，全国各地在扎实推进农村厕所革命进程中不断积累新经验、探索新思路、创新新模式，走出了一条适合国情、具有特色的发展路子，各地要继续把农村厕所革命作为乡村振兴的一项重要工作，发挥农民主体作用，注重因地制宜、科学引导，具体措施如图6-4所示。

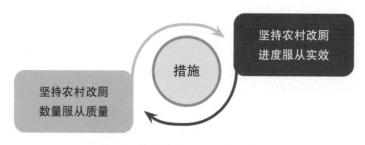

图6-4　推进农村厕所革命的措施

1.坚持农村改厕数量服从质量

（1）要在盘活"存量"上下功夫，加快农村厕所改造。目前，我国农村卫生厕所普及率虽然已达到八成，但能够实现无害化处理的只占六成，约有两成的厕所需要改造，各地要坚持改厕与保障供水和污水处理同步推进，在开展农村污水集中处理工程的同时加快农村"厕所革命"向纵深推进。要抓好顶层设计和统筹部署，明确厕所改造的技术标准和作业流程，完善厕所改造工程验收、监督、检查和考评机制，推进厕所改造科学化、制度化、规范化。

（2）在扩容"增量"上下功夫，推进农村厕所全覆盖。目前，约有两成的"增量"缺口，主要分布在老少边穷地区，实施难度上呈现出边际递增趋势。这就需要用好政府这只"看得见的手"，全面加强组织领导，转变工作作风，抓好问题摸排整改，确保农民群众从中受益。同时要坚持人民主体地位，发挥人民首创精神，激发农民群众改厕的积极性、主动性，让农民群众参与到农村厕所施工、监督、验收、管护等过程中来，推动改厕工作取得明显成效。

2.坚持农村改厕进度服从实效

农村厕所革命是一项重大民生工程，需要我们创新思维，深入领会其内涵和实质，深刻理解厕所与文明、卫生、生态环保和健康的关系，牢牢抓住厕所产品预期使用寿命，严把厕所产品质量关，提高厕所产品性价比，让老百姓用上实用、耐用、好用的厕所产品，具体措施如图6-5所示。

要深入践行"绿水青山就是金山银山"的发展理念，紧紧把握农村厕所产品的生态定位，注重其生物技术处理和废物再利用功能以及转化能力和效果，因地制宜探索适宜方式和技术，推广和使用生态环保、低碳卫生、循环绿色的现代化厕所

着力提升农村厕所产品的科技和信息含量，推广使用智能化、节能化、科技化的厕所产品，着力解决农村厕改的技术和成本瓶颈问题

把好农村厕所产品的准入门槛，把农村厕所革命作为乡村振兴的重要工作切实抓好，尽快建立多元化资金投入机制，把高质量推进农村厕所革命作为乡村振兴战略的一项具体工作来推进

图6-5　坚持农村改厕进度服从实效的措施

二、推进农村生活污水治理

农村生活污水治理工作是乡村振兴战略中的补短板工程，是提升农村人居环境、建设美丽宜居现代化新农村的重要举措。

近年来，生态环境部会同相关部门，因地制宜编制规划，推广典型经验做法，加快建立农村生活污水治理体系，取得初步成效。但总的来看，农村生活污水治理基础薄弱，任务依然艰巨。

 数据平台

> 截至2021年，农村生活污水治理率仅为28%左右。对此，生态环境部将深入打好农业农村污染治理攻坚战，加快补齐短板。到2025年，全国农村生活污水治理率达到40%。

做好农村生活污水处理必须坚持实事求是、因地制宜的原则，分区施策，分类治理，统筹推进生活污水治理、垃圾分类、改厕等工作，具体措施如图6-6所示。

1 结合自然地理环境条件，科学选用治理措施

2 结合人口集聚程度，科学确定污水收集处理方式

3 考虑地方经济发展水平，提升农村生活污染治理的协同性、经济性

4 尊重村民意愿，增强农村生活污水治理的工作合力

图6-6 推进农村生活污水治理的措施

1.结合自然地理环境条件，科学选用治理措施

我国北方地区水资源相对匮乏，特别是西北干旱地区地表水环境容量小，对污水治理提出了更高要求。缺水地区需注重工程治理和污水资源化利用，加强节水减污、源头减量，采用分质处理、梯级供水、循环利用的模式。我国南方地区水资源相对丰富，长江中下游等地区河湖纵横，有的区域地表水环境容量大、自净能力强，宜采用工程+生态修复的模式，既能降低资金投入，又有利于发挥自然生态系

统的净化功能。

采用生态修复模式治理生活污水需因地制宜，具体措施如图6-7所示。

平原地区可通过清淤疏浚、生态恢复等方式，将房前屋后沟渠、塘堰改造为生态沟渠、氧化塘等

丘陵地区可结合地形地貌、汇水条件，在溪流下游设置生态水坝，建设人工湿地。同时，要加强污水预处理，防止生态修复设施超负荷运行。加强水系连通，恢复水生生物种群

图6-7　因地制宜治理生活污水的措施

2.结合人口集聚程度，科学确定污水收集处理方式

统一收集、集中处理是治理生活污水最经济、最有效的途径。农村地区集镇、村委会所在地、旅游景区等地人口相对集中，具备污水集中处理的有利条件，可实行污水管网和处理设施统一规划、统一建设、统一管理，逐步实现雨污分流、清污分流。有条件的地区可积极推进城镇污水处理设施和服务向农村延伸，将城郊接合部生活污水纳入城镇污水处理厂。

在山区等人口分散地区，应切实做好"一池三改"工作，具体措施如图6-8所示。

措施一　倡导村民分级、循环用水，对黑水、灰水、其他生活杂排水分类收集、分质处理、资源化利用

措施二　结合水量、水质特征，科学确定分散式污水处理设施规模、工艺

措施三　要高度重视自然保护地、水源保护区等生态环境敏感区污水治理和管控，严守生态保护红线和水环境质量底线

图6-8　山区等人口分散地区治理生活污水的措施

3.考虑地方经济发展水平，提升农村生活污染治理的协同性、经济性

结合各地经济基础、条件情况，对东部地区、中西部地区、经济欠发达地区分别制定阶段性行动目标，体现出分区施策的原则。将推进农村生活污水治理与垃圾分类、厕所革命、废弃物资源化利用等工作统筹协调，避免生活垃圾、畜禽养殖粪污、农业固废混入污水。开展"厕污共治"，将居民、畜禽粪污集中纳入沼气池处理，粪污堆肥还田，生活污水处理达标后回用于农业灌溉。通过对污染物分类治理、精准施策，实现生活污水源头减量和循环回用，降低污水处理的经济成本和环

境风险。同时，立足地方实际，加强科技创新，加快开发和推广技术可靠、经济适用、管理简便的农村生活污水处理工艺、技术和设备。

4.尊重村民意愿，增强农村生活污水治理的工作合力

加强生态环境政策和污染防治知识宣传下乡，深入实地开展调研，广泛掌握民情民意，及时解决困扰农村生活污水治理的堵点、难点和痛点问题。坚持问需于民、问计于民、群策群力，积极探索符合地方实际的生活污水治理和资源化利用模式。凝聚群众共识，建立规范生活垃圾分类、生活污水治理、节约用水、乡村保洁的村规民约。健全农户付费和日常监督制度，增强村民参与农村人居环境整治的主动性和创造性。

加大对农村生活污水治理的政策、资金支持力度，发挥好农村污水治理专项资金的引导作用，加大地方资金投入，用好补助资金。完善投融资政策，将农村生活污水治理项目与农业农村产业开发项目有机组合，在具备条件的地区引进社会资本和专业化机构，进行市场化运作，一体化开展污水收集管网和处理设施设计、建设、运维，形成政府主导、多方参与、社会化服务、设施共建共享共管的农村生活污水治理体系。

三、提升农村生活垃圾治理水平

农村人居环境整治三年行动开展以来，农村生活垃圾处理问题得到了很大改善。据统计，2018年以来，农村生活垃圾收运处置体系已覆盖全国90%以上的行政村。

尽管成效显著，但各地也暴露出资金紧缺、收运成本高、管理体系不完善等新问题，同时，随着美丽中国建设的推进，群众对美好乡村环境的需要更加迫切，农村生活垃圾处理存在的问题必须正视并积极解决。

1.农村生活垃圾治理现状

（1）垃圾处理技术与设施需要技术升级。我国大部分地区村镇垃圾量小、分散，对于垃圾处理技术与设施与城市体系不尽相同，现有的"村收集、镇中转、县处置"垃圾处理模式实际操作难度大，农村生活垃圾治理前端垃圾分类内无动力、外缺助力，中端垃圾清运设施不完善，末端垃圾回收处理体系尚不完善，垃圾治理设施投资运营长效机制不健全。目前部分地区生活垃圾处理解决方案和技术标准脱离农村实际，运行成本过高，村镇经济难以维持。

（2）垃圾收集、转运设施和体系不够完善。目前，虽然绝大部分村庄都设有垃圾集中收集点，但部分农村生活垃圾收运体系疏于监督管理，运行效果不佳，一些地处偏远、缺乏产业支撑的村庄，村周围垃圾乱倒现象依然存在。当前，垃圾收集

点各种垃圾混在一起，既增加了垃圾存量又造成了可回收资源的浪费。而乡镇、村的回收网点建设相对滞后，没有普遍建立中转站，可回收垃圾资源化利用存在断层。

（3）村民随意处置垃圾的现象还未杜绝。特别是在一些交通不便、转运难度大的村落，治理方式粗放，村落垃圾没有运送至专门的处理地点，而是就近集中堆砌、简单填埋或焚烧。在一些简易的砖砌垃圾池内，村民随意焚烧丢弃的大件物品的现象还时有发生，焚烧垃圾产生的烟雾毒化了空气，影响了村民的健康，垃圾集中收集点成了二次污染源。

2.农村生活垃圾治理措施

"十四五"期间，农村生活垃圾治理水平需要全面提升，农村生活垃圾收运处置体系需要进一步健全，特别是在运营、监管、技术等层面持续发力。应当实现更全覆盖、更好实效的农村生活垃圾处理体系，具体措施如图6-9所示。

图6-9　农村生活垃圾治理措施

（1）强化农村生活垃圾处理体系运营管理。完善农村生活垃圾分类处理规划编制，推动农村生活垃圾处理工作规范化、常态化开展；加快农村生活垃圾收转运处置体系建设步伐，建立完善"户分类、村收集、镇压缩、公司化转运、县处理"的农村生活垃圾处理模式和长效机制，推动生活垃圾治理向规范化、集中化、一体化转变。建立健全农村环境卫生保洁长效管理机制，及时发现和解决农村生活垃圾处理的突出矛盾，开展专项运营管理考核，推动农村生活垃圾处理问题严重地区的改进提升，杜绝"重建设、轻运营"现象，确保已建成的项目设施正常运行，发挥实效。

（2）鼓励探索政府主导、各方参与的农村生活垃圾治理机制。要加大资金筹措力度，将农村生活垃圾处理工作经费纳入财政预算，引导并鼓励各类社会资金参与农村生活垃圾处置设施的建设和运营，建议采取"以奖代补"的方式，带动此项工作的实施。建立与垃圾清运体系相配套、可共享的再生资源回收体系。通过政策引导扶持一些环保企业进行小中规模的生活垃圾处理设备的研发，探索轻量化、成本低、易于维护、适用于村镇的垃圾处理设备，提高可再生资源的回收利用比例，开发具有不同区域特色的村镇垃圾处理体系，降低政府的建设投入和运营补贴，提升政府环境治理能力，满足更多的环境治理需求。

（3）加大宣传力度，充分调动农民积极性。倡导建立低碳环保的节约型社会，以村为单位成立社会志愿者协会，配合专业人员，入户指导、定期培训，在百姓中宣传节约意识，生活中注意规划，少产生不必要的垃圾，规范生活垃圾分类办法，彻底摒弃"乱丢、乱堆、乱倒"等陋习。鼓励探索生态积分，如黄山市推行的"生态美超市"用积分兑换生活用品等实用手段奖励农村垃圾分类和回收处理。

四、整体提升村容村貌

一个地区农村的整体风貌是区域农村人居环境质量、乡村建设水平的直观表现。整洁有序、富有特色的乡村面貌既是生态宜居美丽乡村的直接体现，也是保留和传承区域乡土文化的重要载体。

新发展阶段从根本上改观农村面貌，着力打造宜居宜业的美丽家园，要充分认识和切实做到"三个结合"，具体如图6-10所示。

图6-10 整体提升村容村貌的措施

1.整治已建与规范未建相结合

一方面，要整治已建。当前很多地区，民房建设大多已基本完成，不可能也没有必要推倒重来。提升村容村貌要立足村庄现有基础，把重点放在改善村庄整体环境上，把功夫下在整治提升村庄公共环境上，下在对已经建成的农家庭院的整治改观上，不搞千村一面，不搞大拆大建。对已建成的村庄，加大村庄公共空间整治力度，清理私搭乱建、乱堆乱放，整治残垣断壁，并根据实际需要逐步完善公共基础设施，构建干净整洁有序的乡村空间。对于村庄整体风貌极不协调的民居，要在充分尊重农民群众意愿、控制治理成本的基础上，能改则改。

另一方面，要规范未建。抓紧编制村庄建设规划，及时将规划公开发布到村到户，引导农民群众按照规划选址建设农房。有条件的地区加快编制民房建设指南或规范，提供不同建设面积、不同楼层数量等指标的民房设计图纸，供农民群众参照建设，对选用推荐图纸的可适当予以补助，促进提升村庄整体风貌。

2.政府引导与农民参与相结合

一方面，整治提升村容村貌特别是公共区域的环境整治，要依靠政府引导推动。基层政府要着力于一家一户解决不了的问题，通过实施专项行动或建设项目加以解决。重点包括深入实施村庄绿化美化行动，以村落固有的生态田园、池塘水系为基础，梳理优化村庄植被，优先采用地方特色树木种类，通过以奖代补等方式支持村庄建设微田园、小微公园和公共绿地。加快推进水美乡村建设，做到"水清、岸绿、流畅"。加强电力线、通信线、广播电视线"三线"维护梳理。

另一方面，村庄是由一家一户组成的，只有每家每户的环境好了，村庄整体面貌才能更好。要注重对农民群众的规范引导，增强维护公共环境卫生观念，通过修改完善村规民约等方式，积极引导农民群众自觉做好庭院内外清洁卫生，鼓励村民通过栽植果蔬、花木等开展庭院绿化，利用农村的荒地、放弃地、边角地等自发开展村庄绿化，引导群众摈弃乱丢垃圾、乱倒污水、私搭乱建、乱堆乱放等陋习。对破坏村庄环境的行为加强批评教育和约束管理，引导农民自我管理、自我教育、自我服务、自我监督。

3.继承传统与融入现代相结合

我国很多农村历史悠久、根底深厚，传统村庄风貌和民居风格是历经千年岁月的沉淀，是与当地地形气候、生产生活等相协调的。新时代推进村容村貌整治，要在尊重乡村自然肌理、挖掘历史文化资源的基础上，借鉴传统村落、传统建筑营建的理念、智慧和方法，抓紧编制出台与区域乡土文化相适宜的村容村貌提升导则。导则要突出乡土特色和地域特点，继承和发扬优秀传统建筑文化，把挖掘原生态村居风貌和引入现代元素结合起来，以塑造富有时代特征、彰显区域特色、蕴含传统文化价值的乡村特色风貌为目标，以不挖山填湖、不破坏水系、不砍老树为底线。

要遵循"修旧如旧"的基本原则，重点保护和修复历史文化名村、传统村落及古驿道沿线格局保留较好村庄的历史建筑，推动文物建筑和其他乡土建筑、传统民居活化利用，推进传统村落集中连片保护利用示范，统筹保护利用传统村落和自然山水、历史文化、田园风光。因地制宜引入新技术材料、新标识标牌、新设计元素、新设备装置，有条件的地区应积极推动宽带、通信、广电等进村入户，完善农村无障碍环境、道路等基础设施，合理布局防汛和消防设施，加快乡村现代化进程。积极推进水、路、电、通信等城乡基础设施互联互通，促进城乡一体化，让广大农民平等参与现代化进程、共同分享现代化成果。

第三节　重点领域农村基础设施建设

乡村建设一个基本的目标，就是改善农村生产生活条件，努力让农民就地逐步过上现代文明生活。

一、农村公路建设养护

实施乡村振兴战略，必须把农村公路作为公共基础设施建设的重中之重。农村公路不仅是农民群众安全便捷出行、促进农村产业发展和经济增长的重要基础，也是农村居民享受教育、医疗等基本公共服务的前提，更是推进村容整洁、乡风文明、实现美丽乡村的内在要求。

1.推动农村公路"路长制"实施

近年来，交通运输部认真贯彻落实党中央的决策部署，着力推动农村公路"路长制"实施。

一般来说，农村公路"路长制"是为了落实县级人民政府对农村公路管理的主体责任而建立的"总路长＋三级路长"责任体系。

从组织架构上来说，一般按照"政府主导、属地管理"的原则，在县域内设立总路长，由县级人民政府主要负责人担任，县乡村道设立县道路长、乡道路长、村道路长，分别由县领导、乡镇负责人、村委会负责人担任。实行各级路长对总路长负责、下级路长对上级路长负责的责任分工制度。在各级路长的领导下，深入推进农村公路设施建设，开展农村公路管理养护，提升运输服务水平，进行沿线隐患整治，加强路域生态环境保护，强化交通运输安全管理等。

 数据平台

截至目前，31个省份和新疆生产建设兵团均在省级层面制定了落实"路长制"的政策措施，全国农村公路"路长制"县级覆盖率达89.26%。全国共有农村公路路长57.6万人，其中县级路长1.8万人、乡级路长7.1万人、村级路长48.7万人。

2.加快补齐农村交通基础设施建设短板

（1）推动骨干网络提档升级，乡镇对外公路实施三级及以上公路建设改造，加快乡村产业路、旅游路、资源路建设。

（2）推进农村公路建设项目更多向进村入户倾斜，因地制宜推进较大人口规模自然村（组）通硬化路建设，有序实施建制村通双车道公路改造和过窄公路拓宽改造。

（3）增强"交通+"融合发展能力，改善农村主要经济节点对外公路交通条件，服务全面推进乡村振兴。2022年拟新增通三级及以上等级公路乡镇460个，新增通硬化路较大人口规模自然村（组）3.2万个。

3.推进农村公路路况自动化检测

地方各级交通运输主管部门要遵循客观、科学、高效的原则，选用先进可靠的检测与调查手段，强化技术统筹，推动"人工+自动化"检测深度融合，引导加强检测新技术研发，深化轻量化自动检测装备、大数据及人工智能等技术在农村公路技术状况检测中的应用，不断提升检测效率、精准度和自动化检测比例。技术等级三级及以上农村公路路面技术状况检测与调查应采用自动化检测方式，农村公路砂石路段和检测条件受限的乡村道四级及以下公路路面技术状况检测与调查可采用人工调查方式，并逐步向自动化检测过渡。至2022年，农村公路路面自动化检测比例达到40%以上；至2025年，基本实现具备检测条件的农村公路路面自动化检测全覆盖。

二、农村供水工程建设改造

保障农村供水安全事关亿万农村群众民生福祉。党的十八大以来，国家层面与地方层面同向发力，聚焦解决贫困人口饮水安全问题，大力开展农村供水工程建设。

 数据平台

"十三五"期间，全国共完成农村饮水安全工程建设投资2093亿元，提升了2.7亿农村人口供水保障水平。2021年，水利部联合各有关部门集中发力，稳步提升农村供水标准和质量，推进农村饮水安全向农村供水保障转变，全年共完成农村供水工程建设投资525亿元，提升4263万农村人口供水保障水平，全国农村自来水普及率提升至84%。

但由于我国自然经济条件特别是水资源禀赋区域差异性大，部分农村地区还存在供水保障程度不高等问题。因此，下一步的工作重点是加快提升农村供水工程建设和管理水平，为巩固拓展脱贫攻坚成果和全面推进乡村振兴提供有力供水支撑与保障，具体措施如图6-11所示。

图6-11　提升农村供水工程建设和管理水平的措施

1.巩固脱贫攻坚供水成果

（1）持续做好农村饮水安全监测排查，发挥乡镇、村组干部和管水员作用，实行农村饮水状况全面排查，对脱贫地区和脱贫人口加大监测频次，加强与乡村振兴部门的协作，在防止返贫监测户饮水状况方面进行数据比对和共享。

（2）健全农村供水问题快速发现和响应机制，继续用好水利部12314监督举报服务平台，畅通农村供水地方各级举报监督通道和供水单位服务电话，建立问题清单和整改台账，保持动态清零。

（3）做实做好县级和农村千人以上供水工程应急供水预案，储备应急物资，健全抢修队伍，加强应急演练。在干旱等特殊情况下，通过应急调水、凿井取水、拉水送水等措施，坚决防止发生整乡整村的饮水安全问题。

2.加快农村供水工程建设

（1）按照"十四五"规划目标任务和农村供水新标准，积极推进农村供水规模化建设及小型工程标准化改造，减少小型分散供水工程覆盖人口数量。鼓励有条件的地区实施城乡供水一体化。

（2）推进供水入户，到2022年底，确保全国农村自来水普及率达到85%。

（3）做好区域用水供需平衡分析，优先利用大中型水库和引调水等骨干地表水源作为农村供水水源，因地制宜建设一批中小型水库。

（4）推动脱贫地区将符合条件的农村供水建设改造项目纳入巩固拓展脱贫攻坚成果和乡村振兴项目库，优先安排实施。

（5）加大政府资金投入，积极支持涉农财政整合资金、地方专项债、银行信贷和社会资本，用于农村供水工程建设。

3.健全运行管理长效机制

（1）进一步落实农村供水管理地方人民政府主体责任、水利等部门行业监管责任、供水单位运行管理责任等"三个责任"，明晰责任清单，确保有名有实有效。

（2）以县为单元，以县级农村供水总站、自来水公司等为依托，推进农村供水工程统一运行管理，整体提升工程运行管理和技术服务水平，有条件的地区可积极推进城乡供水区域统筹管理。规模化供水工程（城乡一体化和千吨万人供水工程）推行企业化运营、专业化管理和自动化监管。小型供水工程落实管水员，加强技术培训，提升专业管护能力。

（3）完善农村水价形成机制，提高水费收缴率，促进工程良性运行。

4.从源头到龙头保障水质

（1）加强水源保护，在农村千吨万人供水工程水源保护区全面划定的基础上，配合生态环境部门加快推进农村千人供水工程水源保护区或保护范围划定、设立标志牌，开展环境综合整治。

（2）以千人以上供水工程为重点，加快配备农村集中供水工程净化消毒设施设备，做到"应配尽配"并规范运行。

（3）督促地方水利部门健全县级水质检测中心巡检和千吨万人水厂检测制度，扩大水质检测覆盖面。

（4）指导有条件的地区探索开展水质检测"大比武"，提升水质检测能力。

5.提升信息化管理水平

按照"需求牵引、应用至上、数字赋能、提升能力"的要求，以数字化、网络化、智能化为主线，健全完善农村供水信息化管理平台，推进规模化供水工程水量、水质、水压等关键参数的在线监测和水泵机组等设备的自动控制，改变人工现地管理的传统手段，构建农村供水管理一张图。以规模化供水工程为重点，加强全面感知、实时传输、数据分析和智慧应用系统建设，实现预报、预警、预演、预案功能。鼓励地方探索开展先行先试，打造智慧供水样板。

6.强化监督检查和考核激励

按照农村供水保障"省负总责、市县乡抓落实"的工作机制，进一步压紧压实地方主体责任。每年组织暗访，层层传导压力，紧盯各渠道问题整改，督促地方建立常态化的行业监管机制。

（1）将农村供水工程建设纳入水利建设国务院督查激励范围，调动地方工作积极性。

（2）将农村供水保障作为水资源管理考核的重要赋分依据，并推动将农村供水保障纳入巩固拓展脱贫攻坚成果后评估、对市县党政领导班子和领导干部推进乡村振兴实绩的考核范围，促进地方全面履职尽责。

三、农村电网巩固提升

农村电网是农村经济社会发展的重要基础设施。实施农村电网建设，是加快补齐农村重要基础设施短板、推进城乡基本公共服务均等化的重要内容，也是推动农业农村现代化和实现乡村振兴的重要保障，具体措施如图6-12所示。

图6-12　农村电网巩固提升的措施

1.强化规划统筹落实

强化规划统筹落实，建设与现代化农业、美丽宜居乡村、农村产业融合相适应的新型农村电网。加强农村电网规划与国土空间规划的衔接，将农村电网重要项目和设施纳入政府市县详细规划，做好站址廊道资源的预留和保护，确保县城电网规划与上下级电网、乡镇电网的有效衔接，确保规划项目有效、精准落地。将农村电网工程纳入地方政府重点工程，加快项目审批，统筹解决好工程建设中出现的站址路径落实、青苗赔偿、民事协调等问题。推进数字化乡村建设，加快行业数字化发展，应用"云大物移智链"（云计算、大数据、物联网、移动互联网、人工智能、区块链）等新技术，推动农村电网转型升级，提升电网资源配置和智能互动能力，构建农村现代能源体系，引领农村地区率先实现"碳达峰、碳中和"目标。

2.发挥中央政府和地方政府作用

发挥中央政府和地方政府作用，建立农村电网可持续发展机制。

（1）适度提高中西部贫困地区中央资本金比例，在地方政府设立补贴资金，拓展农村电网投资补充渠道，鼓励社会资本与电网企业以混合所有制方式共同投资建设。

（2）优化输配电价核价范围，将"十四五"农村电网建设与改造投资作为"政策性重大投资"，全额纳入输配电价。

（3）结合深化电力改革工作，研究电力普遍服务基金或补偿机制，为乡村电力普遍服务实施提供必要的资金政策扶持。

3.建立常态管护机制

建立常态管护机制，保证农村机井发挥良好社会效益。

（1）可参照"河长、路长"等机制，乡镇政府统一组织，由村组和供电企业签订供用电及安全协议，建档立卡农村机井井口责任人，落实专人负责机井用电设施的管护和用电协调，全面提高农村机井用电设施管护水平。

（2）省级层面组织物价部门制定科学机井用水收费或维护成本标准，加强农村机井用水和收费环节监督，杜绝不合理加价现象，切实保证农民利益。

（3）中央明确农村土地承包关系稳定并长久不变，今后农村土地耕作合作社、家庭农场等规模经营将是主要形式，建议农村低压排灌电力设施纳入农业基础设施建设，由地方统一建设和管理，利于统筹相关资源，保证农村机井管护到位、使用便利。

四、农村清洁能源建设

2022年2月，国务院公开《"十四五"推进农业农村现代化规划》全文，强调"三农"工作是全面建设社会主义现代化国家的重中之重，要求加强乡村清洁能源建设，提高电能在农村能源消费中的比重。

1.乡村清洁能源建设的重点

对此，上述文件中指明，乡村清洁能源建设重点在于图6-13所示三个方面的内容。

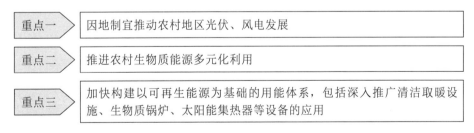

图6-13　乡村清洁能源建设的重点

2.乡村清洁能源建设的着力点

结合国家能源局等三部门在2022年1月发布的《加快农村能源转型发展助力乡

村振兴的实施意见》（以下简称《实施意见》）分析，在"十四五"新发展阶段下，农村能源绿色转型将从供能、用能及输送三方面着手。

（1）供能侧主要涉及清洁能源开发及产业建设，在这方面，《实施意见》提出了"政府＋能源企业＋农户"的合作模式，以及"光伏＋现代农业""新能源＋生态修复、矿山治理"等集清洁能源发电与农牧渔业为一体的生态复合工程。

2021年中央经济工作会议曾提出，要正确认识和把握包括"共同富裕""能源强国"在内的五个重大理论和实践问题，而乡村清洁能源建设正是二者的有机融合。一方面，光伏扶贫已成为我国精准扶贫十大工程之一，在乡村产业振兴中发挥着重要作用；另一方面，农村土地资源丰富，发展光伏、风电有天然优势，可实现农村能源从"输血"转变成"造血"。

（2）用能侧需构建起绿色低碳模式新业态、形成绿色低碳生产生活方式。专家分析，在农村场景中，综合能源、分布式能源更符合生产生活实际，在城市中难以落地的综合能源服务、清洁能源直供电、隔墙售电等模式，将在农村取得更大的推广成效。

为此，农村用能将从电气化、清洁取暖替代、绿色出行三方面着手，具体措施包括"风光＋蓄热电锅炉"集中供暖、户用蓄热电暖气供暖、新能源汽车下乡等，相关产业链也将得到有效提振。

（3）输送主要在于农村电网的构建，已知我国先后部署过电力扶贫共富工程、"两改一同价"、农网改造升级等工作，均取得了优异的成绩。但农村点多面广、人少量小等问题仍存在，《实施意见》也专门提到拨付中央预算内资金重点支持农村电网薄弱地区进行农网建设改造。

另外，乡村生物质能储量丰富，生物质成型燃料及生物质电厂项目，恰好是生物质"变废为宝"的重要场景，如能构建合理的政策机构及合作模式，也将成为实现农村能源转型的重要途径。

第四节　推进数字乡村建设

数字乡村是乡村振兴的战略方向，也是建设数字中国的重要内容。"十四五"规划和2035年远景目标纲要提出"加快推进数字乡村建设"，2022年中央一号文件强调"大力推进数字乡村建设"。大力推进数字乡村建设，以数字技术赋能乡村振兴，有利于充分发挥信息化对乡村振兴的驱动作用，提升农业农村现代化水平。

一、数字乡村建设的内涵

数字乡村可以定义为，利用人工智能、5G、物联网等高科技加快乡村振兴进程，并将这些新技术广泛地应用在农业发展、农村建设和农民生活改善等方方面面，改变乡村的发展模式、生产条件，提高乡村社会治理水平和治理成效。

数字乡村主要是依靠高技术资本和高人力资本，具有明显的地域特色，能够在相当长的时间内对乡村振兴产生持续广泛的影响。

数字乡村将数字技术成果应用在图6-14所示的两个方面。

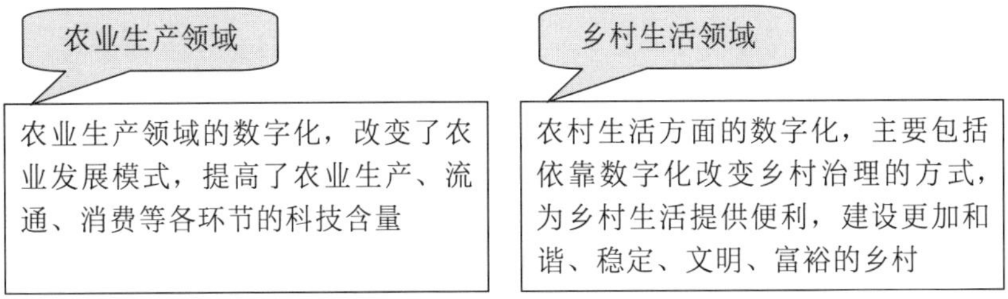

农业生产领域

农业生产领域的数字化，改变了农业发展模式，提高了农业生产、流通、消费等各环节的科技含量

乡村生活领域

农村生活方面的数字化，主要包括依靠数字化改变乡村治理的方式，为乡村生活提供便利，建设更加和谐、稳定、文明、富裕的乡村

图6-14　数字乡村建设数字技术成果应用

二、数字乡村建设的主要领域

1.数字生产——推进农村经济高质量发展

在信息技术高速发展的背景下，数字技术成为重要的战略要素。将数字技术应用于农业生产中，能够对农业生产、管理、销售等各环节全程跟踪。如农业设施可以实时检测土壤中含有的各种微量元素，并有针对性地进行补充，提高土壤肥力。信息技术在农业生产中的应用，改变了传统的农业发展方式，打造新的农业发展业态。农业新产业是以农业生产为依托，将数字技术应用在农业生产、流通、制造各环节中，打造绿色无污染、环保生态的农业产业，它通过数字技术改变农业经济发展形式，使其更加智能化。农村新模式是指对农业产业链条上各环节重新组合，使技术、人员、资金等要素充分融合，构建新的经济发展模式，如将种植业与网上销售渠道结合、形成"种植＋电子商务"模式等。

2.数字生态——绿色低碳生态环境的可持续

构建绿色低碳可持续发展的生态环境，是新时代乡村振兴的重要内容。数字乡村建设可实现乡村经济和绿色发展的双向提升，通过数字技术提高乡村环境发展质量，具体体现在图6-15所示的三个层面。

就人文生态环境而言，数字乡村建设能够改变人们的沟通联系方式，数字技术搭建网络平台，使人与人之间实现线上云交流，增进了个体间的联系和互动，在不同群体间建立密切联系，提高信息共享、互助协作的能力

就自然环境而言，数字技术的应用使乡村经济发展与生态资源开发之间建立平衡，减少农业生产带来的环境污染，改变传统乡村的发展模式，减少环境污染和资源消耗

就社会治理而言，数字经济在乡村振兴中的应用，改变了乡村社会结构，建立了乡村生产生活的秩序规范，使乡村振兴更加合理有序

图6-15　数字技术提高乡村环境发展质量的体现

3.数字生活——构建智能化、个性化乡村服务

数字乡村建设可以依靠数字经济，对人员、资金、土地、基础设施等生产元素重组，扩大数字技术的应用领域。完善的基础设施服务网络是应用数字经济的前提。相关部门积极搭建5G通信、物联网等服务设施，着力在沟通交流、生产监测等方面打造智能化、现代化的服务模式，以满足农民对高效便捷、多元化生产生活的需求。数字经济可以实现资源上网，为农民提供海量的图书资源和课程资源，使农民可以随时随地在线学习"充电"。在公共服务的提供过程中，可根据农民个性化的需求为其提供有针对性的服务。数字经济在民生领域的广泛应用，为农民提供了切实的民生保障。

4.数字治理——赋能乡村治理能力

数字技术能够提高农村社会治理能力，使农村治理更加便捷和高效，实现治理体系现代化，具体体现如图6-16所示。

村民可以通过数字技术平台与村干部及时沟通，展开互动交流，使基层治理更加民主

村级干部可以通过数字技术平台与乡镇、农业生产部门、技术部门等沟通，改变以往由于信息闭塞等造成的乡镇及上级部门难以全面掌握农村治理现实的状况，可精准了解农民诉求，及时解决与农民切身利益相关的问题（诸如土地流转、务工就业等），保障农民利益

图6-16　数字技术能够提高农村社会治理能力的体现

数字技术也可以为农民提供展现自身资源优势、提高农副产品销量的平台。农民可通过各大电商平台经营农副产品，各大互联网企业也可以为农户提供平台支持。

三、数字乡村建设的发展路径

1.缩小城乡之间的数字差距

提升乡村信息基础设施建设水平。对发展乡村经济所需要的通信网络、物流仓储等基础设施完善、升级，提高乡村电力水网、交通出行的便捷性和智能化，为人员交流、信息服务提供便捷的公共信息网络，打破城乡间的信息壁垒，搭建城乡一体化的服务平台，使人员数据信息等各项要素资源在城乡间自由流动，减小城乡数字化发展差距。

2.推动农业数字化转型

推动农业数字化转型，要提高乡村振兴中信息化建设水平。

（1）各级政府部门要积极主动作为，通过出台政策、财政补助、减免税收等扶持方式，吸引科技企业、融资机构、涉农企业参与到农业技术研发推广工作中，产学研合作提升科技成果转化率。

（2）设计研发出适用性更强、智能化程度更高的农业生产加工设备，提高合作社、农户、农业生产龙头企业等农业经营主体应用科技设备的能力。

数字乡村建设的关键是充分调动农业生产经营主体的数字素养。政府部门可以与科技公司合作，通过政务服务平台为农业生产者提供农业生产知识普及、农业技术指导等服务，以帮助农业生产经营主体转变观念，提高农户、种养大户的数字素养。

3.构建多元主体协同治理格局

提升农业数字经济发展相关主体参与的积极性与广泛性。多元主体的广泛参与，能够提高乡村数字经济建设的全面性，有利于调动农民生产的积极性。宽带和移动网络的建设普及，将有利于搭建线上销售平台，并发挥在扩大信息传播范围等方面的优势。要加快政务平台、官方账号内容更新进度，丰富服务内容，优化界面设置，简化参与流程，为有数字乡村建设参与意愿的农户提供便捷平台。

 **政策在线** -

《2022年数字乡村发展工作要点》（节选）

一、工作目标

到2022年底，数字乡村建设取得新的更大进展。数字技术有力支撑农业基本盘更加稳固，脱贫攻坚成果进一步夯实。乡村数字基础设施建设持续推进，5G网络实现重点乡镇和部分重点行政村覆盖，农村地区互联网普及率超过60%。乡村数字经济加速发展，农业生产信息化水平稳步提升，农产品电商网络零售额突破4300亿元。乡村数字化治理体系不断完善，信息惠民服务持续深化，农民数字素养与技能有效提升，数字乡村试点建设初见成效。

二、重点任务

（一）构筑粮食安全数字化屏障

1.加强农业稳产保供信息监测。

2.提高农田建设管理数字化水平。

（二）持续巩固提升网络帮扶成效

3.加强防止返贫动态监测和帮扶。

4.优化完善网络帮扶措施。

（三）加快补齐数字基础设施短板

5.持续推进乡村网络基础设施建设。

6.推动农村基础设施数字化改造升级。

（四）大力推进智慧农业建设

7.夯实智慧农业发展基础。

8.加快推动农业数字化转型。

9.强化农业科技创新供给。

10.提升农产品质量安全追溯数字化水平。

（五）培育乡村数字经济新业态

11.深化农产品电商发展。

12.培育发展乡村新业态。

13.强化农村数字金融服务。

14.加强农村资源要素信息化管理。

（六）繁荣发展乡村数字文化

15.加强乡村网络文化阵地建设。

16.推进乡村优秀文化资源数字化。

（七）提升乡村数字化治理效能

17.推进农村党建和村务管理智慧化。

18. 提升乡村社会治理数字化水平。

19. 推进乡村应急管理智慧化。

20. 运用数字技术助力农村疫情防控。

（八）拓展数字惠民服务空间

21. 发展"互联网＋教育"。

22. 发展"互联网＋医疗健康"。

23. 完善社会保障信息服务。

24. 深化就业创业信息服务。

25. 推动农村消费升级。

（九）加快建设智慧绿色乡村

26. 提升农村自然资源和生态环境监测水平。

27. 加强农村人居环境数字化治理。

（十）统筹推进数字乡村建设

28. 加强统筹协调和试点建设。

29. 强化政策保障和金融服务。

30. 加强数字乡村人才队伍建设。

第五节　加强基本公共服务县域统筹

加强基本公共服务是政府的重要职能，是保障全体公民生存和发展的基本需要，同时基本公共服务提高与经济社会发展水平紧密相关。在目前我国城乡基本公共服务差距较大的情况下，加强农村基本公共服务建设极其重要。

一、推进以县城为重要载体的城镇化建设

推进以县城为重要载体的城镇化建设，既是新型城镇化和乡村振兴两大战略双轮驱动下的必然选择，又是内外双循环的宏观环境下激发经济发展内生活力的重大决策。

综合考虑区位、定位、产业发展状况等因素，可将县城划分为图6-17所示的三类。

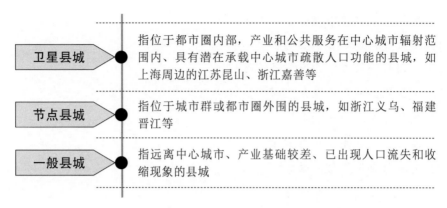

图6-17　对县城的分类

1.卫星县城的建设

卫星县城与中心城市之间存在紧密互动，其发展要义在于提升对中心城市溢出要素的吸引力。因此，应强化卫星县城的城市功能，充分挖掘其疏解都市圈中心城市人口的潜力，可采取如图6-18所示的措施。

图6-18　卫星县城的建设措施

2.节点县城的建设

与卫星县城相比，节点县城在总体面貌上仍具有明显的城乡过渡特征，在基础设施、公共服务、建设用地指标等方面存在一定短板。因此，应充分发挥节点县城自我造血功能，并扩大其辐射带动作用，具体措施如图6-19所示。

3.一般县城的建设

考虑到一般县城的产业基础较差，发展重点应放在充分发挥比较优势，借返乡热潮的东风，加强与东部发达地区大城市的合作，充分提升一般县城的人居品质，

1 通过教育、医疗、社会保障、住房保障等城镇基本公共服务的有效提升，提高农业转移人口落户的积极性

2 配合区域整体的城市规划、产业政策和人口规划，尝试建立城镇建设用地年度指标同吸纳农业转移人口落户数量相挂钩的机制

3 在符合国土空间规划、用途管制和依法取得的前提下，探索建立城乡统一的经营性建设用地市场，强化农村对新型城镇化建设的土地要素支撑

图6-19　节点县城的建设措施

提升其对本地农业转移人口的服务能力。"飞地经济"是一种可参考的发展模式，经济发达城市使用一般县城的建设用地指标进行产业转移，缓解自身的土地要素约束；一般县城通过区域产业合作的方式导入产业，实现产业和盈利两地共享。

对一般县城而言，这种以土地要素为起点的合作模式，可为本地农业转移人口和返乡农民工提供稳定的就业岗位；产业的导入也可吸引城市金融资金和社会资金参与县城基础设施建设、盘活乡村资源资产，为城乡融合发展提供资金保障。

二、实施新一轮学前教育行动计划

2022年中央一号文件提出"实施新一轮学前教育行动计划，多渠道加快农村普惠性学前教育资源建设，办好特殊教育"。这里的"新一轮学前教育行动计划"，是指由教育部等九部门于2021年12月9日联合发布的《"十四五"学前教育发展提升行动计划》。

"新一轮"比之前的"学前教育行动计划"，着重强调了以下几个部分：

1.强调了"全面发展"

德智体美劳，一个都不能少，要全面发展，这才是我们对幼儿成长的美好期盼，这才是新时代背景下的全人格教育，这才是我们真实客观的育人思想。

2.强调了"公益普惠"

要全面发展，就要坚持学前教育公益普惠的基本方向。政府要加强政府对学前教育的投入，使学前教育真正满足大多数家庭和大多数儿童的利益和需要，具体表现为大多数家庭可接受、可享有、非排他性并有满足感。覆盖、保基本、有质量的学前教育服务就是公益性的服务，是在政府支持下，广大儿童能以较低成本获得入园机会，得到有质量的基本公共教育服务。

3.强调了"提升质量"

我们的学前教育，要从数量型过渡到质量型，就必须不断推进科学保教，要不断推进教育教研教学的改革，不断强化专业化成长，一定要注重游戏化的教学活动，一定要注重科学化的全面保教，一定要基于幼儿的后续学习和终身发展。

三、推进紧密型县域医疗卫生共同体建设

2022年的中央一号文件强调，要加强基本公共服务县域统筹，深入推进紧密型县域医疗卫生共同体建设，助力乡村振兴。推进紧密型县域医疗卫生共同体建设，应当做到医防融合。

医防融合是健康中国战略和一系列制度安排的必然要求。党的十八大以来，党中央提出了一系列卫生与健康事业改革发展新理念、新思想和新要求。医防融合是在新发展理念引领下，医疗卫生体系改革从以疾病为中心转向以健康为中心的具体体现。

实施医防融合是新时代巩固和加强我国农村卫生服务体系的具体措施，也是深入推进紧密型县域医共体建设的关键所在。实施医防融合服务模式，容易得到群众认可，也能及时促进疾病预防关口前移，同时为加强乡村医生队伍建设提供了具体的实施途径。

医防融合要实现"五个融"，即以居民健康需求为导向，在基层医疗卫生机构内部实现医防人员融、管理融、信息融、考核融和服务融的"五个融"，如图6-20所示。

图6-20　医防融合要实现"五个融"

医防融合不仅是服务模式的融合，还是今后很长一段时间内的制度安排。为实现医防融合，乡村医生、临床医生、公共卫生人员、护士要组成一个真正的服务团队，倾向于注重维护和提升健康而不是只关注疾病治疗，倾向于开展健康管理服务而不是用药，倾向于主动服务而不是被动坐等居民上门。医疗信息系统之间要互联互通共享，而不是孤岛式发展，最终让人民群众获得预防、治疗、康复一体化的健康管理服务。

　　基层医防融合要做到以降低疾病发生率和提升资金使用效率为目标，以整合公共卫生服务资金和医保基金为依托，以捆绑式打包支付为主要形式，以重点慢病防治为主要切入点。当前，医保基金面临着筹资进入天花板状态、医疗费用很难下降、保障水平很难降低的客观现实，降低疾病发生率、减轻医保基金支出负担是非常有效的解决办法，与疾病预防的目标具有高度一致性。将基本公共卫生服务资金和医保基金在基层医疗卫生机构终端进行统筹，提高资金使用效率，是体现医防融合、提高资金使用效率的必然选择。

　　根据基层医疗卫生机构在疾病预防、管理和治疗方面的服务能力和水平，现阶段应该重点从严重影响居民健康、可防可控、已列入国家基本公共卫生服务和基本医保政策支持的疾病入手，为居民提供如图6-21所示的健康服务，在各个环节将预防与治疗紧密融合，以更好地适应人民群众对健康服务的需求。

图6-21　基层医疗卫生机构的重点任务

数据平台

　　2019年国家卫生健康委在全国启动紧密型县域医共体建设试点，试点地区立足"强县域、强基层"，在医共体管理体制、运行机制、服务模式等方面深化改革、细化措施，取得积极进展和成效。2020年，754个试点县中，符合紧密型县域医共体标准的达到535个，占比71%。截至2020年底，全国共组建县域医共体4028个。县域医共体建设在大部分省份已经取得共识，呈现全面推开的趋势。87%的试点县落实双向转诊标准和规范，76%的试点县落实信息互联互通，分级诊疗基础更加夯实。65%的试点县落实收入统一管理和开展医保统筹管理改革探索，部门协同作用更加紧密。

四、推动农村基层医疗体系建设

　　2022年，中央一号文件提出："推动农村基层定点医疗机构医保信息化建设，强化智能监控全覆盖，加强医疗保障基金监管。落实对特殊困难群体参加城乡居民基本医保的分类资助政策。有条件的地方可提供村卫生室运行经费补助，分类落实村医养老保障、医保等社会保障待遇。"

那么如何提高基层医疗卫生服务能力呢？可从图6-22所示的四个方面入手。

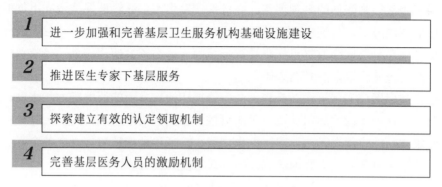

图6-22　提高基层医疗卫生服务能力的措施

1.进一步加强和完善基层卫生服务机构基础设施建设

要进一步加强和完善基层卫生服务机构基础设施建设，加快在建基层卫生院的建设工作，推进区镇卫生院、村卫生站、社区卫生服务中心标准化建设和设备达标配置工作，加大药物储备，改善基层卫生服务机构的工作条件和环境，打造舒心放心的就医环境。

2.推进医生专家下基层服务

要推进医生专家下基层服务，把市级门诊的主治医生合理配置到基层医疗服务机构，深化在岗乡村医生定期免费培训制度，加强对乡村医生规范化业务能力培训，推动乡村医生向执业（助理）医师转变，提高医疗卫生服务水平。

3.探索建立有效的认定领取机制

要探索建立有效的认定领取机制，将部分常见慢性疾病的特殊门诊的领取工作权限下放到符合条件的基层医疗服务机构，让患者回到基层治疗，从而减轻上级医院医疗负担，也为基层患者带来便利。

4.完善基层医务人员的激励机制

要完善基层医务人员的激励机制，进一步建立完善与经费保障机制，调动积极性，完善基层医疗卫生机构绩效工资制度，提高绩效工资标准。在保证基层医疗机构业务用房、医疗设施设备、公共卫生服务经费的同时，加大对基层卫生服务机构经费的投入，提高基层医务人员的工资福利和待遇。

五、加强农村养老服务

推进农村养老产业和事业发展，是实施乡村振兴战略的基础环节，是补齐民生短板、实现高质量发展的要务之一，是健全完善农村养老服务的实现路径。

1.加强农村养老的顶层设计

（1）要按照城乡一体化要求，统筹推进农村养老服务业发展，纳入国民经济和社会发展规划，列为服务业发展重要内容。

（2）要把保供养服务机构基本运转放在突出位置，确保工作人员和机构运维所需资金及时足额列入财政预算，牢牢兜住底线。

（3）要动员社会力量关爱服务农村老人，提升农村老人社会福利和社会保障水平，确保农村老人遇到困难时求助有门。

（4）发掘我国农村孝老敬老的传统文化资源，发挥我国农村基层民主自治制度的优势，健全农村家庭和邻里照顾支持政策，大力发展适合乡村特点的邻里互助养老方式。

2.加强农村养老制度建设

（1）建立普惠型基本养老服务制度，制定与人口老龄化发展和经济社会发展水平相适应的、动态调整的基本养老服务清单，明确服务的内涵外延、服务内容、服务标准、资格条件、供给方式等，逐步实现人人享有基本养老服务。

（2）建立实施长期照护保险制度，建立长期照护服务项目、标准、质量评价等行业规范，通过政府购买服务等方式，为老年人提供长期照护服务保障。

（3）要加强农村养老服务与乡村振兴等国家战略的衔接，依托农村优势资源，大力发展乡村养老、城乡互助养老等新型养老模式。

（4）通过城市资源辐射农村，带动和促进农村养老保障制度和社会化养老体系的完善。

3.提升农村养老能力和水平

（1）实施特困人员供养服务机构（敬老院）改造提升工程，力争到2022年每个县至少建有一所以农村特困失能、残疾老年人专业照护为主的县级特困人员供养服务机构。

（2）实施农村社区居家养老服务水平提升工程，完善服务标准，全面提升生活照料、应急救助救治、疾病治疗、重病看护、精神慰藉等照料服务水平。推进有条件的农村敬老院增加日托、上门服务等功能。探索建立农村幸福院、儿童之家和村卫生室共建、共享、共管机制。

（3）推动养老服务与乡村旅游融合发展。鼓励城市居民到农村养老，支持社会资本在农村兴办面向全社会的综合养老服务机构。

🔍 【实例7】▶▶▶ --------------------------------

河源市胜利村：人居环境整治带动乡村全面发展

1. 打造康养福地发展特色大健康旅游业

在2016年以前，胜利村还是一个泥泞遍地、穷困潦倒的省定贫困村。脱贫攻坚之后，村里原先的贫困户纷纷走上了生活的正轨，而随着乡村振兴的逐步推进，对于普通村民而言，最直观的感受就是村子变得更美了、基础设施更好了。事实上，自大力推动乡村振兴以来，江东新区一直致力于将各个行政村打造成休闲康养福地，依托高铁、医院等，对接两个合作区和高铁沿线的旅游资源，联合开发精品旅游路线和特色产品，加强康养旅游的合作，建设具有新区特色的大健康产业。依托村文化广场等基础设施，除了广场舞外，一些传统的文化项目如村舞狮队、特色娘娘庙、手工糯米粄等特色也会逐步打造起来，配合乡村旅游业的发展，进而带动全村、全镇乃至整个江东新区兴旺发展。

2. 开荒地变良田发展农村产业振兴经济

作为河源城市发展核心，江东新区管辖临江镇、古竹镇、城东街道，辖区内共有30个行政村。和很多其他农村一样，江东新区的行政村虽然基础设施建设普遍都有了很大的改善，但也面临着青壮年流失、撂荒地越来越多的现状。2020年7月，为响应江东新区号召，由胜利村村委会主导，在镇政府等的帮扶推动下，胜利村330亩撂荒地终于被成功流转，并在一个月的时间里进行了翻整，种上了甜玉米。

除了拓种撂荒地，江东新区在2020年还启动了1580亩中草药种植示范基地项目建设。该项目总投入1746.5万元，覆盖两个镇9个村，主要种植金丝皇菊、药用玫瑰、黄精。

3. 开创客基地、乡村学院孵化本地人才

为了帮助农村经济可持续发展，江东新区还积极发展数字农业、打造电商平台，并促进人才振兴和回流。该村建设的乡村振兴创客基地，是以村集体经济占股51%、企业占股49%的模式，兴建的一个以助农、扶农、帮农、为农、强农的"五农"为基础点的便民服务运营中心。创客基地一楼就是小菜篮子助农工程，

可以帮助村民建立一个对外销售农副产品的平台，二楼是电商创业就业中心，可以孵化本地电商人才，打通农村与城市的信息对流窗口，打造点对点的家庭式供给消费模式，从根本上提升村民种养收益、激发种养积极性，不仅如此，基地同时还承担一些政府服务型职能，如医保报销、计生证明、政策咨询等。

（案例来源：严蓉，林里.整治荒地壮大产业整治人居孵化人才，

新快报，2021-12-21.）

第七章

创新驱动：

激发乡村治理活力

引言：

　　进入新时代，随着人民生活水平和物质文化需求的不断提高，传统乡村治理暴露出治理主体单一、治理范围有限、治理方式陈旧、治理行为缺乏自主性和协同性等问题。这就迫切要求采用新的思维和新的方式，通过经济、社会和文化综合关系平衡来对乡村治理工作进行改革与创新。

　　要做好乡村治理工作必须物质文明和精神文明两手抓，两手都要硬。文化是人类物质与精神的创造方式和财富的总和，而乡村是中华传统文化的重要载体。更好地传承中华优秀传统文化既可以通过提升文旅产业促进乡村经济发展，还能够使农民群众在乡村自治的过程中提升文化自信，完善乡村治理方式。以文化赋能乡村治理工作，关键是要平衡好村民、村干部和政府部门之间的利益关系。当乡村的多方利益主体都能从乡村治理工作中受惠，必然会自觉维护乡村建设成果，巩固乡村治理成效，获得乡村的物质文明和精神文明双丰收。

第一节　农村基层组织建设

加强农村基层党组织建设，是推动乡村振兴的固本之举。全面推进乡村振兴战略的实施，必须加强党的领导，全面加强农村党组织建设，使之成为新时代"三农"事业的前沿阵地和战斗堡垒。

一、农村基层组织建设的意义

在新的历史时期下，进一步加强农村基层党组织的建设，对推动乡村振兴、全面实现小康社会、建设社会主义新农村提供最坚强的组织保证，对新农村的建设和发展具有极其重要的作用和意义，具体如图7-1所示。

党的基层组织是领导农民群众建设社会主义新农村的核心力量

意义

党的基层组织是建设新农村的领导核心和战斗堡垒

图7-1　农村基层党组织建设的意义

1.党的基层组织是建设新农村的领导核心和战斗堡垒

党的基层组织是党在社会基层组织中的战斗堡垒，是党的全部工作和战斗力的基础。农村基层党组织是党直接联系群众的纽带，是党的理论和路线方针政策的直接执行者，是推进乡村振兴战略走好"最后一公里"的关键。

可以说，农村基层党组织强不强，基层党组织书记行不行，直接关系乡村振兴战略实施的效果好不好。只有打造千千万万个坚强的农村基层党组织，培养千千万万名优秀的农村基层党组织书记，发挥好党组织战斗堡垒作用和党员先锋模范作用，才能把基层党组织的组织优势、组织功能、组织力量充分发挥出来，把广大基层党员和群众的思想、行动、力量、智慧凝聚起来，使他们凝心聚力投身到乡村振兴中去。

2.党的基层组织是领导农民群众建设社会主义新农村的核心力量

坚持农村基层党组织领导地位，是坚持和加强党的全面领导的内在要求，也是实现农村经济社会健康发展的根本保证。总体上看，党的十八大以来，各地各部门对农村基层党组织建设越来越重视，农村基层党组织的领导地位不断巩固，为农村改革发展稳定提供了坚强保证。但也要看到，还有少数地方和部门对坚持农村基层党组织领导地位、更好发挥领导作用等，在认识上存在偏差，在实践中尚未完全落实。

对此，必须把坚持和加强农村基层党组织领导贯穿始终，既要在思想上不动摇不含糊，又要在实践中找路径找方法，进一步健全组织体系，完善制度机制，采取务实管用措施，确保农村基层党组织的领导实实在在地落到实处。

二、农村基层组织建设的着力点

要加强和改进农村基层组织建设，必须从图7-2所示的四个方面着力。

1 加强制度建设，不断健全和完善农村党组织工作机制

2 巩固党组织领导核心地位，加快推动农村社会经济发展

3 加强村级党组织建设，增强组织战斗力和公信力

4 加大教育培训力度，提升基层干部队伍整体素质

图7-2 农村基层组织建设的着力点

1.加强制度建设，不断健全和完善农村党组织工作机制

结合农村实际，优化农村党组织设置，采取挂钩联系、定点指导等经验做法，不断创新党组织管理制度和工作机制，为乡村振兴提供强有力的支撑，具体措施如图7-3所示。

2.巩固党组织领导核心地位，加快推动农村社会经济发展

（1）发展壮大农村集体经济，筑牢农村党建物质基础。以市场发展为引导，农业科学技术为依托，加快推进农业产业化。调整农业结构，因地制宜重点发展农业产业。坚持规范、自愿及有偿原则，整合资源引进社会资本兴办村级集体企业等，不断探索新的集体经济发展形式以增加收入。

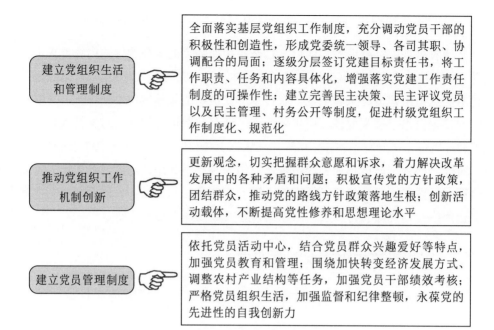

建立党组织生活和管理制度 → 全面落实基层党组织工作制度，充分调动党员干部的积极性和创造性，形成党委统一领导、各司其职、协调配合的局面；逐级分层签订党建目标责任书，将工作职责、任务和内容具体化，增强落实党建工作责任制度的可操作性；建立完善民主决策、民主评议党员以及民主管理、村务公开等制度，促进村级党组织工作制度化、规范化

推动党组织工作机制创新 → 更新观念，切实把握群众意愿和诉求，着力解决改革发展中的各种矛盾和问题；积极宣传党的方针政策，团结群众，推动党的路线方针政策落地生根；创新活动载体，不断提高党性修养和思想理论水平

建立党员管理制度 → 依托党员活动中心，结合党员群众兴趣爱好等特点，加强党员教育和管理；围绕加快转变经济发展方式、调整农村产业结构等任务，加强党员干部绩效考核；严格党员组织生活，加强监督和纪律整顿，永葆党的先进性的自我创新力

图7-3 加强制度建设的措施

（2）建立为民服务平台，切实解决群众难题。积极拓宽市场，安排"能人"等对农民生产进行指导，带领农民致富。加强农民技术培训，促进农民增收。大力发展民营经济，助力乡村振兴。

（3）坚持科学民主原则，实施重大决策时，应对市场进行充分调查和评估后，由村民会议、村民代表会议做最后决定，保证农民利益不受影响，保证农民权益不受侵害。

3.加强村级党组织建设，增强组织战斗力和公信力

优化村级党组织领导班子结构，丰富党组织活动，组织形成科学、富有活力的队伍，在实践中不断增强组织战斗力和公信力。拓宽人才选拔渠道，注重把懂经济、会管理、工作经验丰富的干部选拔到基层"一把手"的岗位。发挥"领头羊"核心带头作用，团结带领群众齐心协力共同致富。完善村干部管理机制，重点培养讲政治、思想好、年纪轻、善开拓的优秀党员干部。有计划地选派干部到村任职，推进乡镇工作重心下移，解决村级党组织人才匮乏，班子后继乏人问题。发挥好优秀模范党员示范带动作用，增强村级党组织功能和村干部适应新时期农村工作的能力。

4.加大教育培训力度，提升基层干部队伍整体素质

加强党员干部有关党的方针政策、法律法规、实用科技等方面的培训，实现农村党员干部培训的制度化、规范化。健全相关配套政策体系，吸收"返乡优秀青

年""大学生村官"等人才充实党员队伍，让他们在实际工作中发挥更大作用。建立有效的激励机制。可提拔具有突出贡献的乡镇干部，提高他们的政治待遇。进一步完善干部评价及考核机制，建立起一支素质高、作风硬的基层党员干部队伍，更好地带动、组织农民群众，汇聚成乡村振兴发展合力。

三、农村基层组织建设的关键点

建设社会主义新农村，加强和改进农村基层党组织建设，应该把握图7-4所示的四个关键点。

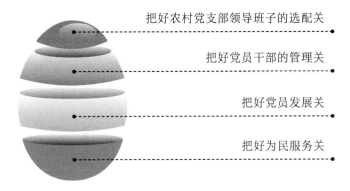

把好农村党支部领导班子的选配关

把好党员干部的管理关

把好党员发展关

把好为民服务关

图7-4　农村基层组织建设的关键点

1.把好农村党支部领导班子的选配关

"农村要进步，关键在支部"。一个村建设得好与坏，关键要有一个一心为公、甘于奉献、开拓进取、团结战斗的领导班子，特别要注重选配一个政治素质强、致富能力强、领富能力强的好支书。大力实施"三强型"党支部龙头工程，按照"稳定好班子，加强软班子，凝聚散班子，整顿瘫班子，调整乱班子"的工作思路，全面加强农村党支部建设。

为满足村级组织适应社会经济现代化发展的要求，应用好用活大学生村官，改善村干部队伍结构、提高村干部队伍整体素质。

2.把好党员干部的管理关

（1）要对党员实行科学的组织领导和管理。按党章要求开展正常的、多种形式的活动，坚持党的民主集中制，做到决策符合村情，办事顺乎民意，避免出现个人说了算，凭老经验办事的现象。

（2）要抓好党员干部教育培训。提高农村党员特别是支部成员政治思想素质和发展经济的能力，培训教育要结合实际，注重实效，方式方法要灵活多样，比如

"开培训班、进农广校、外出考察、流动党校、微信交流群"等培训方式。要健全党员教育管理的长效机制，把分类教育、集中教育、经常性教育和典型示范教育有机结合起来。

（3）要加大纪检监督力度。着力查处党员干部违法乱纪案件，保持党组织的纯洁性。

3.把好党员发展关

把发展党员工作作为加强农村党员队伍建设的重要任务来抓。着力把党员培养成致富能手、把致富能手培养成党员、把优秀的农村党员培养成干部。要及时吸收政治素质好、能力强的优秀青年入党，成熟一个发展一个，不断增加新鲜血液，逐步解决农村党员队伍老化、党的力量薄弱的问题。工作中要注意"坚持标准、保证质量"，排除干扰。

4.把好为民服务关

坚持以服务凝聚人心，以服务夯实执政基础。

（1）强化服务意识。建立镇级领导干部定期接待群众、镇机关干部首接首问和驻村包片责任制度，变被动服务为主动服务，变坐等服务为上门服务，主动走出去，深入一线，深入基层，深入群众，服务于民。

（2）以当前的村级党员活动场所建设和文明生态村建设及相对贫困村转化为契机，改善农村环境，提升阵地建设水平。我们要坚持以科学发展观统领农村经济社会发展，不断开创农村基层组织建设新局面，为建设社会主义新农村提供坚强的组织保证。

四、农村基层组织建设的路径

乡村振兴战略背景下，加强农村基层党组织建设，需要坚持以问题为导向，准确把握当今农村社会变化的特点和趋势，紧紧围绕乡村振兴这一核心目标，定向发力，综合施策，精准破解制约瓶颈，为全面实施乡村振兴战略提供坚实的政治保障和组织保障，具体如图7-5所示。

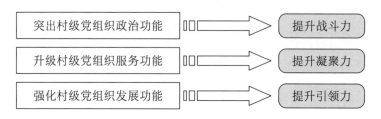

图7-5　农村基层组织建设的路径

1.突出村级党组织政治功能，提升战斗力

农村基层党组织在党的纵向组织体系的最底层、最下游，做的是打基础强基业的工作，突出政治功能这一基本功能，对于加强和改善党对农村工作的领导，密切党同人民群众的血肉联系，夯实党的执政基础，大力实施乡村振兴战略，意义十分重大，其措施如图7-6所示。

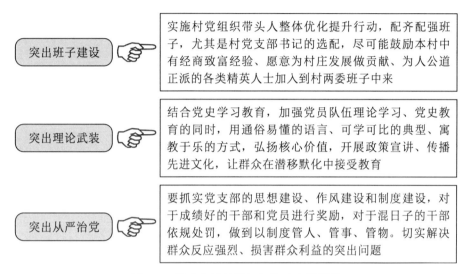

图7-6 提升农村基层组织战斗力的措施

2.升级村级党组织服务功能，提升凝聚力

村级党组织是党在农村全部工作和战斗力的基础，切实提升村级党组织的服务功能，是新形势下加强村级党组织建设，提高农村干部执政能力的重要途径和要求，具体措施如图7-7所示。

3.强化村级党组织发展功能，提升引领力

加强党的先进性建设，就要发展好村集体经济，村级党组织是乡村产业发展的引领者、推动者，必须充分贯彻践行党中央对乡村振兴战略的理念，充分争取利用国家强农惠农富农各项政策，通过产业结构调整，创新发展模式，强化科技支撑，因地制宜发展好自身特色产业，有效增加农民就业，推动农民收入增加。

要突出党员带头作用，注重激发党员干部的主体活力，引导党员干部深入群众、融入群众，教育群众、引导群众，带头服务、带领服务，把党员的先进性体现在服务教育引导群众的生动实践中，形成"带头致富有党员、扶贫帮困有党员、典型示范有党员"的良好格局。

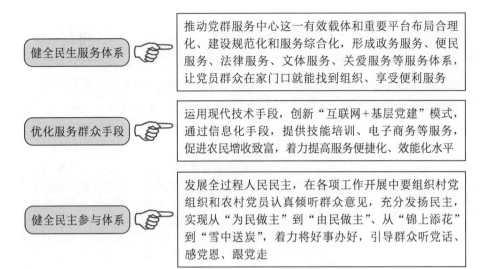

图7-7　提升农村基层组织凝聚力的措施

第二节　农村精神文明建设

乡村振兴，既要塑形，也要铸魂。加强农村精神文明建设，是全面推进乡村振兴的重要内容。

一、加强农村思想道德建设

人无德不立，国无德不兴。加强农村精神文明建设，推进乡村全面振兴，离不开思想道德建设的支撑作用。为此，要着力抓好图7-8所示三方面的工作。

图7-8　农村思想道德建设的内容

1.把社会主义核心价值观融入农村生产生活之中

培育和弘扬社会主义核心价值观是凝魂聚气、强基固本的基础工程。加强农村思想道德建设，关键是要弘扬社会主义核心价值观，使社会主义核心价值观内化为农民群众的精神追求、外化为农民群众的自觉行动。要采取符合农村特点的方式、方法、载体培育和弘扬社会主义核心价值观，特别是深化中国特色社会主义和中国梦宣传教育，大力弘扬民族精神和时代精神，让农民群众在生产生活中时时、处处都能感受到社会主义核心价值观。注重典型示范，深入实施时代新人培育工程，适时推出一批看得见、摸得着、学得到的新时代农民的先进模范人物，让农民群众学有榜样、赶有目标。

2.不断巩固拓展农村思想文化阵地

农村基层党组织、基层单位、农村社区都应高度重视巩固拓展农村思想文化阵地，利用各种思想文化阵地有针对性地加强农村思想道德建设，具体措施如图7-9所示。

1 可以通过完善村规民约、褒奖先进典型等形式，大力倡导移风易俗，教育村民反对大操大办婚丧酒席、搞封建迷信活动等陈规陋习，树立勤俭节约的文明新风

2 深挖乡贤文化，整理家规家训，组织评选道德模范、爱心人士等新乡贤，用乡贤文化凝聚道德力量

3 广泛开展星级文明户、文明家庭等群众性精神文明创建活动，激发广大农民干事创业的积极性、主动性、创造性。创新工作方法，善于运用网络信息技术搭建加强农村思想道德建设的新平台

图7-9 巩固拓展农村思想文化阵地的措施

3.大力倡导讲道德、尊道德、守道德

农村社会能否长治久安，乡村社会文明程度能否不断提升，很大程度上取决于农民的道德素质。加强农村思想道德建设，必须大力倡导讲道德、尊道德、守道德，深入实施公民道德建设工程，全面推进社会公德、职业道德、家庭美德、个人品德建设，不断提升农民群众的道德素质。当前，尤其要倡导诚信道德规范，具体措施如图7-10所示。

措施一 应扎实推进诚信建设，开展诚信宣传和教育，大力培育和弘扬诚信文化

措施二 建立健全农村信用体系，完善守信激励和失信惩戒机制，让守信者有"甜头"，失信者有"痛感"，在农村社会大力营造重信守诺的良好氛围

措施三 开展"信用乡（镇）、信用村、信用户"创建活动，推进示范户评选工作

图7-10 倡导诚信道德规范的措施

此外，还要弘扬劳动最光荣、劳动者最伟大的观念；弘扬中华孝道，强化孝敬父母、尊敬长辈的社会风尚等。

二、加强农村公共文化建设

加强农村公共文化服务体系建设，是实现好、维护好、发展好农民群众基本文化权益的主要途径，是繁荣社会主义新农村文化、让亿万农民共享文化改革发展的成果、补缺农村发展"文化短板"的重要举措，具体措施如图7-11所示。

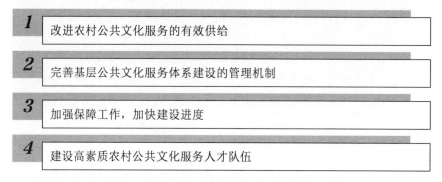

1 改进农村公共文化服务的有效供给

2 完善基层公共文化服务体系建设的管理机制

3 加强保障工作，加快建设进度

4 建设高素质农村公共文化服务人才队伍

图7-11 加强农村公共文化建设的措施

1.改进农村公共文化服务的有效供给

（1）要促进农民自主供给。农民作为公共文化服务的享用者，也应该成为供给者之一。要挖掘好农村文化的人才资源，鼓励更多的农村有志人士回归家乡舞台。要合理配置好文化资源，促进乡土文化向公共文化服务转化，实现乡土文化的提质升级。要扩大对乡土文化的挖掘与保护，进行创造性传承。

（2）要利用"互联网+公共文化服务"模式，实现农村公共文化服务有效供给的新突破。要大力推进广播电视村村通、农村电影放映、信息共享等文化惠民工程，推广村级网店、村级免费上网服务站等，让广大农民通过网络，免费观赏各类文艺活动、体育赛事。要引入市场主体，提升公共文化服务平台运营效果，避免出现"僵尸平台"的情况。

（3）要建立完善意见建议收集反馈机制。要系统化、常态化征集基层群众公共文化需求信息，定期或不定期进行满意度调查，以提升农村公共文化服务供给的精准度和满意度。要充分发挥村民小组微信群作用，畅通村民意见表达渠道，促进乡村公共文化服务质量的提高。

2.完善基层公共文化服务体系建设的管理机制

（1）要完善政府统筹协调机制。建立健全由党政部门主要领导，相关部门参加，文化部门具体协调的工作机制，形成推动公共文化服务体系建设的合力。

（2）要依法依规管理。要严格落实有关法律法规和具体实施要求，为每个乡镇综合文化站（中心）配备公益性服务岗位工作人员，规模较大的乡镇可适当增加。落实"县聘乡用""县聘乡管"政策，破除综合文化服务岗位"专岗不专用"现象。文化部门要完善内部管理机制，特别是引入社会力量参与评价考核机制，不仅要把场馆设施建好，还要使用好、管理好、发挥好。

（3）要完善目标考核机制。依法将公共文化服务工作纳入政府目标责任考核内容，建立健全公共文化服务绩效评估和监督检查机制，强化监督检查，确保工作落地见效。

3.加强保障工作，加快建设进度

（1）政府应制定相关财政政策，以村民对公共文化服务的需求为参考，建立相应的财政投入体系，规范化、因地制宜、与时俱进建设农村公共文化基础设施。

（2）对经济社会的具体情况进行分析，并以分析结果作为前提，配套相关服务专项资金，着重保重点、保基本、保运转，要落实农村综合文化服务中心公益文化岗位补贴政策，对农村公共文化服务的基础设施，制定定期维护和更换的相关规范条款。

（3）对建设资金的使用情况进行管控，制定科学的监督管理制度，确保建设资金的有效使用。

（4）对于政府及文化、体育等主管部门，可以以政府购买、项目补贴或者奖励等多种方式，鼓励和支持社会资本和民间力量向农村提供公共文化服务。

4.建设高素质农村公共文化服务人才队伍

建设高素质农村公共文化服务人才队伍的措施如图7-12所示。

措施一　加强基层文化工作人员培训

通过外出观摩、集中学习等多种方式，对文化服务农民的方式、丰富服务的内容等方面进行培训，帮助乡镇农村文化工作人员提高技能、升华自身综合素养，更好服务农民群众，早日实现文化振兴

图7-12

措施二 ▷ **完善人才管理制度**

政府及文化、人力资源等相关部门，要健全完善公共文化服务人才的引进、培养和激励机制。对现有人才开展相应的专业技能培训，同时还要提高招纳引才的能力。不仅要把已有的人才培养好、利用好，更要充分补充力量，加强公共文化服务人才队伍建设

措施三 ▷ **要提高社会力量参与的积极性**

政府要不断优化相关策略，对主动参与公共文化服务体系建设工作的社会力量给予政策、税收优惠等鼓励，加大力度建设民间文化人才队伍，对其在教育培训、评定职称、项目申报等方面给予更多机会

图 7-12　建设高素质农村公共文化服务人才队伍的措施

三、加强农村文明乡风建设

乡风正则民风淳，民风淳则乡村安。加强农村精神文明建设，推进乡村全面振兴，离不开文明乡风建设的带动作用。乡风文明关系到乡村振兴的成色和质量，关系到广大农民群众的获得感、幸福感、安全感。只有把乡村振兴与乡风文明建设有机结合起来，互相促进，才会不断深化乡村振兴的内涵，增强乡村振兴动力，乡村振兴战略的目标才能如期实现，具体措施如图 7-13 所示。

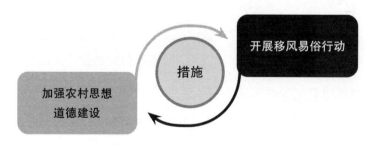

图 7-13　加强农村文明乡风建设的措施

1.加强农村思想道德建设

一方面，以社会主义核心价值观为引领，深化中国特色社会主义和中国梦的宣传教育，坚持教育引导、实践养成、制度保障三管齐下，深入开展农村思想政治工作，在农村思想领域进行观念更新，帮助农民理解、掌握党的方针、政策，激发起

他们振兴乡村的积极性、主动性和创造性。

另一方面，采取符合农村特点的方式宣传和引导，大力弘扬民族精神和时代精神，充分宣传农村道德榜样与典型，积极推进农村社会公德、家庭美德和个人品德建设，推进诚信建设，强化农民的社会责任意识、集体意识、规则意识、主人翁意识，让广大农民知道幸福是靠奋斗得来的，让思想道德建设为农村物质文明和精神文明的发展提供动力。

2. 开展移风易俗行动

乡村是否振兴，要看乡风好不好。近年来，各地在革除农村陋习方面，取得了明显成效。但某些不良风气仍然存在，成为农民群众的家庭负担，也歪曲了乡村社会的价值观。

为有效遏制农村陈规陋习、树文明新风，中央农办、中央组织部、中央宣传部、中央文明办、农业农村部等11个部门，印发了《关于进一步推进移风易俗 建设文明乡风的指导意见》。

移风易俗既是一场持久战，也是一场攻坚战，可采取如图7-14所示的措施。

措施一	通过广泛开展文明村镇、星级文明户、文明家庭等群众性精神文明创建活动，引导农民追求健康向上的生活方式
措施二	加强无神论的宣传和教育，不断丰富农民群众精神文化生活，抵制封建迷信活动
措施三	加强农村科普工作，提高农民科学文化素养
措施四	强化群众自我教育管理，树立勤俭节约的文明新风
措施五	加强养老保障体系建设，形成敬老爱老的良好风气

图7-14 开展移风易俗行动的措施

3. 推进家风建设

从社会治理层面来说，家风建设是乡村振兴的重要精神支柱，对于文明乡风的建设发挥重要作用，也是助力贫困地区人民精神脱贫的重要帮手，有利于乡村振兴战略的早日实现。

把家风建设作为乡风文明建设的核心任务，可采取如图7-15所示的措施。

要普及家规家训，充分挖掘和吸取优秀传统家规家训的精神内涵，推动每个家庭都建立新时代的家规家训，家庭有了规矩，社会就有了规则

措施一

措施二

开展文明家庭评比，制定奖励激励政策，在各种行政资源的配置上，优先倾斜文明家庭，营造人人羡慕好家庭的氛围

图7-15　推进家风建设的措施

四、传承发展农村传统文化

以中华优秀传统文化促进乡村文化振兴，是一项系统性工程，需要多管齐下，应从文化认同、文化传承、文化遗产保护等方面入手，推动传统乡村文化开发，以中华优秀传统文化推动乡村文化振兴，具体措施如图7-16所示。

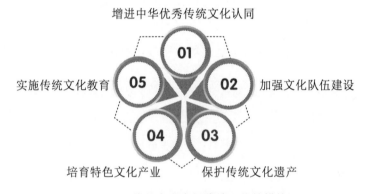

增进中华优秀传统文化认同

01

加强文化队伍建设

02

保护传统文化遗产

03

培育特色文化产业

04

实施传统文化教育

05

图7-16　传承发展农村传统文化的措施

1.增进中华优秀传统文化认同

应培育传承与热爱中华优秀传统文化的乡村社会文化氛围。借助电视广播、短视频、直播平台等媒体渠道，打造具有教育性与时代性的中华优秀传统文化传播产品，让乡村居民领略中华优秀传统文化的魅力，进而提升乡村居民的文化自信，形成对中华优秀传统文化认同的情感纽带。同时，大力推进乡村精神文明建设。以乡村公共空间为重要支撑，将中华优秀传统文化与现代乡村精神文明建设相结合，以传统描绘、戏曲演出、传统文化艺术创作等丰富多彩的文化活动为抓手，推进传统文化表演舞台、传统文化学习空间、传统文化主题景观建设，提升乡村居民对传统文化的认同。

2.加强文化队伍建设

应挖掘培育本土文化人才，摸清乡村社会内部情况，将党政干部、教师队伍、非物质文化遗产传承人等吸纳到中华优秀传统文化的传承与创新工作中，并构建以研究与探索中华优秀传统文化为方向的乡村文化管理与发展队伍。

此外，坚持多元主体参与原则，扩大乡村文化人才引进规模，吸引大学生、社会文化从业者等新兴力量参与到中华优秀传统文化发挥乡村振兴功能的组织体系与研究活动中，促进中华优秀传统文化在乡村的创造性转化与创新性发展。

3.保护传统文化遗产

一方面，推进传统文化遗产的政策完善。针对当下传统文化遗产保护的痛点与难点，与时俱进地更新现有传统文化保护制度与政策法规，构建以保护、传承与振兴为重心的传统文化与乡村文化法规体系，确保相关政策制度能够为传统文化遗产保护保驾护航。同时，既要完善传统文化申遗工作，对符合申遗条件的传统文化要积极申报，也要完善非遗传承人制度，推动乡村文化的非遗传承工作。

另一方面，推进传统文化遗产的数字化保护。以人工智能、多媒体等技术为依托，运用数字技术辅助乡村内传统文化遗产的搜集、保存与传播工作，建立传统文化数字馆、传统文化数字资源库、传统文化网络展示空间，以此来实现传统文化遗产的共享共建。

4.培育特色文化产业

应推进传统文化的市场化开发，以中华优秀传统文化为文化支撑，大力发展文创工作，利用中华优秀传统文化开展景观设计、图形设计、产品设计，制作食品包装、明信片、纪念品等；并将中华优秀传统文化与现代农业、农村电商、农村旅游相关联，走出一条具有地区特色又不失文化内涵的产业发展之路。

同时，加强中华优秀传统文化品牌开发，深挖传统文化与乡村地域文化资源，以新媒体为传播媒介，打造出一批标识性高、地域性强的原生态文化产品品牌。

5.实施传统文化教育

一方面，开展乡村居民的文化教育活动。坚持走群众路线，以环境育人为重点，以科普教育为辅助，以乡村居民为受众，通过构建传统文化教育馆、乡村传统文化广场、乡村传统文化主题雕塑与墙绘艺术以及定期组织村民参与传统文化学习教育活动等方式，提升村民对中华优秀传统文化的认可度与归属感，促使中华优秀传统文化润泽乡村居民精神生活。

另一方面，推进传统文化在校园教育活动中的传播。依据当地传统文化特色，鼓励与支持学校开展以传统文化为主体的校内课程，建设多样化校园传统文化的体验式与比赛式活动，推进中华优秀传统文化的传播。

第三节　乡村法治建设

实施乡村振兴战略是党的十九大作出的重大决策部署，为新时期乡村建设指明了方向与道路。法治是维护社会稳定也是推进社会发展的基础，农村法治建设是乡村振兴战略的重要内容。

一、乡村法治建设的意义

乡村法治建设既是全面依法治国的重要组成部分，也是实施乡村振兴战略的重要抓手和根本保障。乡村法治建设具有图7-17所示的现实意义。

图7-17　乡村法治建设的现实意义

1.实现全面依法治国的内在要求

基层治理是发展中国特色社会主义的一个重大课题，依法治国是发展中国特色社会主义的必要条件。乡村法治建设既是实现现代化法治国家的必然选择，又是顶层宏观设计与基层具体实践的互动体现。全面依法治国重在"全面"二字，如果乡村治理没有实现法治化，那么全面依法治国中的"全面"就无法实现，因此建设法治乡村是实现全面依法治国总任务的内在要求。

2.维护农村和谐稳定的必然选择

农村的和谐稳定关乎国家的长治久安，更关乎民族的伟大复兴。农村的和谐稳定是实现农民美好生活的内在要求和重要体现，而加强法治建设正是维护农村和谐稳定的关键一招。在全面推进乡村振兴的背景下建设法治乡村，能够充分保障广大农民群众的权益，运用法律来解决乡村发展中的各种矛盾、问题、冲突。因而，推进乡村法治建设是新时代维护乡村和谐稳定的必然选择。

3.全面推进乡村振兴的重要保障

实现乡村振兴需要法治的约束。随着农村经济社会的快速发展，农村地区呈现主体诉求多元化、利益关系复杂化、治理问题显性化等特点，要用法治方式来有效化解矛盾。在新发展阶段不断加快推进乡村法治建设，有利于维护乡村地区政治、经济、文化、社会、生态全方位的健康稳定发展，实现全面推进乡村振兴工作的行稳致远。

二、乡村法治建设的措施

乡村法治建设是实施乡村振兴战略、推进国家治理体系与治理能力现代化的基础性工程和重要内容。加强乡村法治建设可采取图7-18所示的措施。

图7-18　乡村法治建设的措施

1.在乡村振兴中加强法治化建设，营造法治环境

（1）注重用现代化工具加强法治宣传建设力度。要在乡村便民服务中心，安置便民一体机协助查阅最新政策、法律法规，畅通司法渠道，以良法规范引领乡村有序发展，营造公正、法治、和谐的社会环境。以"法律六进"为抓手，加大普法力度，提高群众法律意识。要贴近实际生活，具体针对社会生活中的法律需求，如离婚财产纠纷、邻里纠纷、借贷纠纷、继承和赡养纠纷等，既要使群众懂得自己的义务，又让其了解依法享有的权利以及如何正确行使。避免说教方式，要创新方式，多样化开展。如利用广播、电视、互联网、电影、报刊等媒体的普法教育作用，提高法律意识。

（2）进一步加大普法互动活动。要继续深入开展新时代文明"法润乡村"主题活动，促进社会和谐稳定，营造崇尚法治的社会氛围。要重点突出普法的实效性，大力推进网络环境下普法的新途径、新思路，力求入脑、入心。通过个案的处理，积极引导社会价值取向，打牢法治基础。要通过普法，增强依法维护自身权益的意识和能力，不断加强法制建设。

（3）落实主体责任，加强村支两委的法制培训工作。应充分利用党校，举办基层农村干部法制培训班，集中时间（农闲时间）对农村干部分期分批进行轮训，乡村基层组织把法制建设列入议事日程，增强基层干部的法制观念和法律意识，提高依法办事能力，杜绝违法现象或行为的产生，为乡村振兴创造良好的法制环境。

2.多措并举，切实加强新时代法治队伍建设

（1）加强执法力量。要加强法治队伍建设，着力解决人才断层的问题，积极探索创新政法专项编制管理办法，用足用好现有编制，结合工作实际，加强机构人员职能整合、业务工作融合、机制流程衔接，科学配置业务部门与综合部门的人员比例，增加一线办案人员，减少行政管理人员。

（2）加大基层执法人员培训力度。首先要加强学习教育，提高政治站位，执法人员不仅要有好的业务素质，而且要具备较强的政治素质，这就需要对基层各单位做进一步的要求，从学习制度、内容要求、效果安排、考核机制等方面作出制度安排，不断完善学习考核机制，树立基层执法人员良好的社会形象。其次要加强队伍培训，严格执业纪律。通过培训，努力提高基层执法人员业务素质，提升基层执法人员服务质量和服务水平，坚持每年由区级对基层执法人员培训1～2次，同时，要积极争取市级以上的培训机会，力争3～5年全员轮训一次。

（3）提高执法和司法水平。首先要提高执法者的素质，规范其执法行为，以杜绝执法者在执法中徇私枉法、违法执法、滥用执法权等现象。执法者要依法执法，以身作则，提高自身的道德素质。其次要严格依法行使权力，通过典型案件的"示范"，使有关法律看得见、摸得着，有效地培育现代法律意识。要继续加强对乡村干部的法律培训和指导，要强化多方位的执法监督，依法办事，提高乡村干部的法制观念和执法水平。

3.健全多元化解机制，构建现代化乡村法治体系

要着眼于"健全自治、法治、德治相结合的乡村治理体系"的目标，深入学习推广新时代"枫桥经验"，坚持自治为基、法治为本、德治为先，以自治增活力、以法治强保障、以德治扬正气，实施"党建引领、三治融合"治理新体系，不断创新和提高社会治理方式和基层社会治理能力。大力开展矛盾纠纷的多元化解工作，从健全多元化纠纷解决机制入手，探索人民调解、行政调解、司法调解相结合的新

途径和新办法，及时化解不稳定因素，不断提高预防和化解矛盾纠纷的能力水平，在"党建引领、三治融合"治理新体系建设中发挥应有作用。

相关链接 ›

"枫桥经验"的内涵

1.充分依靠群众

可以说，没有群众，就没有"枫桥经验"。"枫桥经验"充分发挥人民群众的力量，实践了群众的事情群众来解决，推动了党委政府和人民群众的良性互动。这也是中国基层社会治理的一个重要原则。

2.以人为本的思想

调解机制从以人为本、改造思想出发，给予人们重新认识重新修正的机会。"枫桥经验"对有轻微违法犯罪的行为人，解除劳改劳教人员，判处缓刑、假释的人员，由党员、村委会成员、亲属等组成帮教小组，进行帮扶教育，使其彻底转化，将消极因素转变为积极的社会建设力量。同时跟进关注当事人纠纷解决之后的生产和生活，重视矛盾纠纷的化解效果。

3.通过矛盾调解机制有效节约司法成本

在我国，很多矛盾纠纷通过调解来解决，比如人民调解制度。以甘肃省为例，全省法院每年立案55万多件，结案约50万件，通过调解机制化解矛盾纠纷达20万件。倘若所有案件均通过诉讼程序，法官每年平均要审理300～400件。而通过基层矛盾调解制度，可有效节约司法成本，提高工作效率。

4.注重对矛盾纠纷的预防机制

现在许多社会事件往往事后被动处理，"枫桥经验"可以有效把矛盾化解在早期，及早进行矛盾化解，起到防患于未然的作用。

5.通过村民自治更好地发挥社会自治功能

"枫桥经验"充分发挥了村民自治的作用，是针对基层社会治理的有效经验，其对提高社会治理能力，调动各类社会主体、所有社会成员的积极性、主动性、创造性，推动中国基层社会治理现代化具有重要作用。

4.采取有力措施，解决基层基础建设短板问题

围绕中心，针对工作中遇到的难以解决的疑难问题，以"订单"方式进行"集体会诊"，分析原因，对症下药，合力解决。依靠创新，立足服务，不断完善便民利民工作机制，针对基层基础设施短板问题，区别对待，采取选址新建、置换、购房搬迁等措施，合理规划，协调乡村等各方利益逐步解决，更好地满足人民群众在民主、法治、公平、正义、安全、环境等方面的新需求。

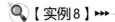

【实例8】▶▶

广东青田：建设具有生命力的乡村复兴样本

青田村位于广东顺德杏坛镇，是龙潭村25个自然村之一，面积690亩，全村共163户、户籍人口722人。村落河涌环绕、古木参天、石径通幽、荷塘流韵，形成"玉带环村、九龙吐珠"的秀灵格局，独具岭南水乡特色。广东工业大学的渠岩等乡建专家到顺德考察了100多个村落后，发现杏坛镇青田村具有得天独厚的环境条件，于是决定启动"青田计划"，目标是在岭南地区创建一个具有生命力的乡村复兴样本。

经过多方近6年的共同努力，青田乡建走出一条独特路径并初见成效，并受到了中央电视台等主流媒体、学术界的关注，在2018年8月25日新闻调查栏目播出了48分钟的《回归家园》专题报道。2019年3月23日，青田计划入选中国艺术研究院在北京世纪坛举办的国家级乡村建设案例展览，2022年入选国家乡村振兴蓝皮书案例。

青田村则从一开始确立了以村民为发展主体的原则，通过公益基金会引入资本、高校参与调研规划、艺术家引入文化活动、专家指导村民介入、乡村复兴才产生了强大的集群效应。"青田计划"分三步行动（公益先动、政府推动、村民互动），达到三生共融（生态、生活、生产）的目标，共同建立现代乡村新生活典范，全面振兴乡村。

在基金会支持下，广东工业大学环境设计系的师生首先对青田村落人口、经济状态及原有建筑现况展开调查，选取不同类型的、具有典型代表性的建筑展开更深入的调研和测绘，在此基础上编制了《青田保护、发展与文明复兴规划》，并对重点建筑空间进行了低干预度的改造设计。从2016年8月份开始，青田村按照规划陆续进行了一系列旧建筑（1—2—3号院）的改造更新。这些硬件设施的改造提升，不仅是为乡村提供更好的公共服务空间，也为村民展示了旧房子不用大拆大建就可以提升生活品质的可行性样本。这不仅仅是一个村落空间的规划，

还包括顶层组织设计、社会调研、总体规划、建筑修缮、活动推广等一系列整体策划。同时，这也是一个以村民为核心的多主体参与式实践，在复杂的多边关系中互动、对话，在动态的实践过程中协商、调整。

在相关高校支持下，青田举办了一系列有影响力的学术活动，例如2017年3月19日举办"中国乡村文化日"，渠岩发布"青田范式"。2017年9月份开始承接国家艺术基金项目《历史文化名村保护规划创意设计人才培养》的培训工作；2018年5月份举办"青田论坛"，吸引北京大学等国内一流高校学者的关注和研讨。同时，每年还组织举办顺德农商银行杯"美丽乡村创意大赛"，邀请多位乡村专家开设"青藜讲堂"，普及乡村传统文化及现代农耕技术等，吸引大量村民及社会人士参与。另外，艺术家和村民共同挖掘整理了"青田八景"，并恢复了失传已久的中秋民俗活动——烧番塔，并演变成中秋节最隆重的成人礼活动。青田村委和志愿者还组织了许多本地特色的活动，如"清洁环境行动""青年乡村音乐节"等。这些景点活动的重生，大大提高了村民对家乡的认同感和自豪感，并开始吸引外流的村民回到村里居住和创业。

（此案例由广东工业大学副教授梅策迎博士提供）

第八章

人才培育：

壮大乡村人才队伍

引言：

　　乡村要振兴，人才是保证。基层组织是乡村振兴的实施主体，基层干部是乡村振兴的"领头雁"，需进一步加强乡村掌握现代知识技能的人才队伍建设，提升乡村干部的基本素养。作为农村建设发展的直接推动者、组织者和实践者，村干部是乡村治理的骨干力量，是农民的主心骨、领路人。乡村振兴一定少不了政治过硬、勇挑重担、作风纯洁、农民喜爱的村干部队伍，也离不开懂农村、爱农村、有视野、有智慧的一群人。

　　人才是乡村振兴的第一资源和第一动力。在有条件的地方，要充分利用新乡贤、公益基金会、爱心人士和爱心企业的人力资源优势，为乡村建设加速助力。吸引大量懂产业、能经营、会市场的能人投身于乡村建设中，将乡村打造成人才"蓄水池"和磁力场，才能让人才竞相奔涌于乡村产业发展事业，掀起乡村振兴发展的新高潮。此外，还要充分发挥全国3000余所高校的师生在乡村振兴中的重要作用。推进乡村振兴工作，既要看到产业发展的基础支撑作用，也要重视情怀、时间和经验积淀的重要性。而高校无论在技术方面还是人才供给方面，都具有无可比拟的优势，未来将在乡村振兴热潮中发挥更大的作用。

第一节　乡村振兴需要哪些人才

一、乡村规划师

乡村发展，规划先行。乡村规划师们通过专业知识和技能，根据乡村的实际情况，从规划编制、项目建设等多方面，将乡村的建设和发展纳入有序的轨道中。他们不仅能够让乡村的发展有条不紊，更能够为乡村振兴奠定基础、指明方向、保驾护航。

二、复合型村级管理人才

农村要发展，村级领导班子是关键。精于管理、勇于创业、能够带领群众致富，是村级领导班子必须具备的素质。驻村干部和技术干部要发挥领头羊的作用。

村干部和村技术人员是乡村振兴的直接推动者、组织者、实施者。他们是群众脱贫致富的领路人，因此他们政治意识、大局意识、现代化农业意识强，是最基层的管理人才。只有他们的素质上去了，才能发挥车头的引领作用。

房县土城镇土城村党支部书记上任后，不仅充分考察民意，狠抓队伍建设，大胆启用有经验有能力的党员干部。他自己还积极发挥"当家人"作用，牵住产业转型"牛鼻子"，抓住黄酒发展核心产业大户，并通过他们做好示范，增强其他农户发展产业的信心。同时，他紧抓全县打造乡村旅游及特色产业发展品牌机遇，经常奔走在产品包装、推介第一现场，努力打开产品的知名度、拓宽销售渠道，为巩固并壮大村集体经济贡献力量。此外，他还积极建立政府引导、农民主导、社会参与的多元化投入机制，采取民主协商的办法，鼓励和引导农民投工、投劳，建设农村公共设施，调动农民参与脱贫致富工作的积极性。

大学生村官

乡村要振兴，带头人至关重要。大学生村官有知识、有目光、有情怀，有干劲。他们是激活乡村活力的力量。他们可以为农村拉投资、带领乡亲们创业、成立农业专业合作社等。他们还能把先进的管理经验带到乡村中来，促进乡村治理的现代化，有利于文明乡风的形成。

尽管大学生到农村去当"村官"、去创业的越来越多，但扎根农村一辈子的很少，很多大学生"村官"在农村待上一两年就调走了，有的被迫返城。乡村振兴必须要留住人才，给人才施展才华的优越环境、优厚待遇，优先扶植大学生创业创新！鼓励大学生到农村去，施展抱负，有所作为！

三、乡村基础教育人才

人才振兴是乡村振兴的基础和关键，而从长远来看，乡村基础教育又在乡村中承载着人才培养的重大功能，对促进乡村人才振兴有不可替代的作用。

以南疆莎车县某乡为例，该乡有12个村2420户10562人，其中，贫困户1002户，贫困人口3878人，贫困人口占全乡总人口的36.7%。贫困人口中，小学文化程度1534人，占贫困人口的40%，初中文化程度1490人，占贫困人口的38%。南疆村干部能用普通话交流的人不多，贫困人口中勉强能用普通话进行交流的占3%～4%。由此可见乡村基础教育的重要性。

乡村教师队伍的数量、质量和结构都需要得到加强，只有有知识、有能力和有师德的高素质乡村教师赴乡村学校任教，才能减小城乡教育资源差距，使农村基础教育改善具备人才力量。

然而，当前的状况是，农村中小学教育资源、教育质量、教育水平远远落后于城市，农村教师条件艰苦、待遇低，许多优秀教师都离开了农村学校，去城市任教，农村中小学师资力量越来越薄弱，升学率等低于城市学校，许多家长把孩子送到城镇示范学校就读，农村生源越来越少，优秀教师人才流失。

四、乡村专业人才

乡村专业人才是乡村人才队伍中的骨干力量，是乡村人才振兴的"活化剂"。从创造领域不同的角度进行划分，乡村专业人才具体来说可分为技能型、生产经营型和社会服务型三种类型。

1.技能型专业人才

技能型专业人才是指具备某一领域的知识专长，可以是具有高度专业性的农业管理与经营技能，也可以是专门从事农业生产与经营的农业职业人才。农业职业经理人首先需要通过一系列农业知识考试并取得资格认证。他们系统掌握农业种养知识，懂规模化生产及农村合作组织建设的技能，还了解最前沿的农业产业信息。他们既有精耕细作的技能，也有统筹全局的能力。

技能型专业人才范围较广，在现代化社会发展中，在城市中积累了一定的工作经验、获得了较高水平的生产经营、管理技术理念的返乡务工人员，从事乡村生产经营活动的高校农林相关专业的大学生，一批有能力的乡村工匠等，都属于这一类型。

在农村当前存在信息不对称，资源配比失衡，经营管理不完善，种植与养殖体系上配置不合理、不健全等短板面前，现代农业职业经理人无疑是一剂良方。

2.生产经营型专业人才

生产经营型专业人才是指以家庭生产经营为基本单元，充分依靠乡村社会化服务，开展规模化、集约化、专业化和组织化生产的新型生产经营主体。

生产经营型专业人才主要包括专业大户、家庭农场主、专业合作社带头人、种养殖加工人才、农业企业经营者、经纪人等。

3.社会服务型专业人才

社会服务型专业人才主要是指为了更好地促进农业生产与乡村社会发展，在农业活动组织中承担农业专业服务工作的人员。

他们具有专业的知识与技能，具有为农业服务的职业精神，为农业生产与经营贡献力量，是现代农业社会发展不可缺失的力量，例如农业信息员、机械化修理员、动植物科技员等。

而在乡村教育、文化、卫生等社会事业领域中承担相关专业服务的工作人员，他们利用自身的专业力量为农民生活水平提升做出重要贡献，如乡村教师、非遗传承人、文化能人等。

五、营销人才

农村有产量还要有销路，这就意味着还需要有营销人才，产量高品质好的农产品没有营销推广也难以打造出好品牌，迫切需要采用营销手段实现销路渠道多样化并获得最大利益。

随着电子商务在我国的腾飞，农村电商成为创新农产品交易方式、增加农民收入、引导农业供给侧结构性改革、促进乡村振兴的重要力量。当前，电商人才成为农村稀缺的人才资源。因此，农村急需懂营销、懂互联网知识、懂电脑技术的人才。未来，通过电商平台销售农村的农产品将成为主要销售途径。

通过政策支持、品牌创建、人才培养等措施，湖北十堰市农村电子商务迅速发展。如丹江口、竹溪、郧西、竹山先后被评为"全国电子商务进农村综合示范县"。其中，竹溪老家网是全国首个扶贫公益性网络交易平台，吸引渝、鄂、豫、川、陕、甘六省市76个县（市）300多家电商入驻。截至2017年底，十堰有农村电商企业及商户3000余家，带动逾10万农民脱贫、增收，全年农村电商交易额达25亿元。

六、休闲农业、乡村旅游方向人才

农村要想真正的振兴发展，不能只靠第一产业，发展休闲农业和乡村旅游是农村由单纯的第一产业延伸到第三产业，使第一产业和第三产业融合发展的最佳发展方向。休闲农业、乡村旅游方向人才不仅应懂得基本的农业知识，更需要懂得与旅游相关的第三产业专业技能。

七、乡村文化传承人才

农村是许多传统文化的发源地，刺绣、蜡染等都是在农村发展起来的，这些传统优秀文化的传承、保护、延续和发展创造也需要专业的人才。他们因耳濡目染掌握着独特的技能或知识，一定程度上决定着乡村文化的传承与繁荣。要以乡村文化发展促进乡村振兴，就需要有一批热爱本地文化的文化传承人。

八、医疗卫生人才

农村基层医疗卫生机构缺乏人才，农村乡镇卫生院设备简陋、落后，诊疗水平较低，农民看病往往还得去县级以上人民医院，因此农村卫生院急需医疗卫生人才。

九、司法人才

2018年中央一号文件提出了"建设法治乡村"，强化法律在维护农民权益、规范市场运行、农业支持保护、生态环境治理、化解农村社会矛盾等方面的权威地位。毋庸置疑，法治是乡村振兴战略的"保镖"，保障乡村振兴战略的方向和顺利实施，就需要大量的专业司法人员。

第二节　国家对乡村振兴人才的部署

一、人才振兴部署的政策

近年来，党中央关于乡村振兴的重要文件中，都会对人才振兴进行相关部署。

2018年中央一号文件明确指出，实施乡村振兴战略，必须破解人才瓶颈制约，要畅通智力、技术、管理下乡通道，造就更多乡土人才，聚天下人才而用之。同年9月，中共中央、国务院印发《乡村振兴战略规划（2018—2022年）》，明确将培育新型职业农民、加强农村专业人才队伍建设、鼓励社会人才投身乡村建设作为强化乡村振兴人才支撑的重点工作。

2019年中央一号文件强调，要把乡村人才纳入各级人才培养计划予以重点支持，引导各类人才投身乡村振兴。

2020年中央一号文件再次强调要推动人才下乡。

2021年中央一号文件提出，要健全适合乡村特点的人才培养机制，强化人才服务乡村激励约束。同年2月，中共中央办公厅、国务院办公厅专门印发《关于加快推进乡村人才振兴的意见》，明确了推进乡村人才振兴的目标任务、工作原则和重要举措。

2021年12月17日，农业农村部印发《"十四五"农业农村人才队伍建设发展规划》，目的是全面推进乡村振兴，加快农业农村现代化，培养造就一支高素质农业农村人才队伍。

二、《关于加快推进乡村人才振兴的意见》解析

《关于加快推进乡村人才振兴的意见》（以下简称《意见》）有助于加快推进乡村人才振兴，培养造就一支懂农业、爱农村、爱农民的"三农"工作队伍，既是中央部署的工作要求，也是基层实践的迫切需要。

1.乡村人才振兴的重点领域及支持举措

乡村人才类型多样、构成复杂。《意见》坚持问题导向，针对基层实践迫切需要，突出重点，对加快培养农业生产经营人才，农村二、三产业发展人才，乡村公共服务人才，乡村治理人才，农业农村科技人才进行针对性部署，如表8-1所示。

表8-1　乡村人才振兴的重点领域及支持举措

序号	重点领域	支持举措
1	农业生产经营人才	（1）加强农民教育培训，深入实施现代农民培育计划、农村实用人才培养计划，培养高素质农民队伍 （2）突出抓好家庭农场经营者、农民合作社带头人培育
2	农村二、三产业发展人才	（1）深入实施农村创业创新带头人培育行动，壮大新一代乡村企业家队伍 （2）加强农村电商人才培育，加快建立农村电商人才培养载体及师资、标准、认证体系 （3）培育乡村工匠，挖掘培养乡村手工业者、传统艺人 （4）实施劳务输出品牌计划，培育一批叫得响的农民工劳务输出品牌
3	乡村公共服务人才	（1）乡村教师方面，落实城乡统一的中小学教职工编制标准，加大乡村骨干教师培养力度，对长期在乡村学校任教的教师实行职称评审方面的特殊政策，落实好乡村教师生活补助政策 （2）乡村卫生健康人才方面，明确人员编制、人才招聘、人才激励等方面政策，加强乡村基层卫生健康人才在岗培训和继续教育，逐步提高乡村医生收入待遇，鼓励免费定向培养一批源于本乡本土的大学生乡村医生 （3）乡村文化旅游体育人才方面，推动文化旅游体育人才下乡服务，完善专业人才扶持政策 （4）乡村规划建设人才方面，支持熟悉乡村的规划建设人才参与乡村规划建设，实施乡村本土建设人才培育工程
4	乡村治理人才	（1）加强乡镇党政人才队伍建设，选优配强乡镇领导班子特别是乡镇党委书记，实行乡镇编制专编专用，落实乡镇工作补贴和艰苦边远地区津贴政策以及艰苦边远地区乡镇公务员考录政策 （2）推动村党组织带头人队伍整体优化提升，坚持和完善向重点乡村选派驻村第一书记和工作队制度，全面落实村党组织书记县级党委组织部门备案管理制度和村"两委"成员资格联审机制 （3）实施"一村一名大学生"培育计划，进一步加强选调生工作，鼓励各地多渠道招录大学毕业生到村工作，扩大高校毕业生"三支一扶"计划招募规模 （4）加强农村社会工作人才队伍建设，吸引社会工作人才提供专业服务，引导高校毕业生、退役军人、返乡入乡人员参与社区服务 （5）加强农村经营管理人才队伍建设，充实农村经营管理队伍，确保事有人干、责有人负 （6）加强农村法律人才队伍建设，推动公共法律服务力量下沉，加快培育"法律明白人"，培育农村学法用法示范户
5	农业农村科技人才	（1）培养农业农村高科技领军人才，要推进农业农村科研杰出人才培养，加快培育一批高科技领军人才和团队，加强优秀青年后备人才培养 （2）培养农业农村科技创新人才，要依托各类创新平台发现人才、培育人才、凝聚人才，加强农业企业科技人才培养 （3）培养农业农村科技推广人才，要全面实施农技推广服务特聘计划，实施基层农技人员素质提升工程，推广"科技小院"等培养模式 （4）培养科技特派员队伍，要完善科技特派员工作机制，拓宽科技特派员来源渠道，完善优化科技特派员扶持激励政策

2. 乡村人才培养的主体

乡村人才培养的主体多元，涉及面广。《意见》提出，充分发挥各类主体在乡村人才培养中的作用，着力推动形成乡村人才培养的工作合力，如图8-1所示。

作用一　**高等教育人才培养体系**

全面加强涉农高校耕读教育，深入实施卓越农林人才教育培养计划2.0，建设一批新兴涉农专业，引导综合性高校增设涉农学科专业，加强乡村振兴发展研究院建设

作用二　**面向农村的职业教育**

加强农村职业院校基础能力建设，支持职业院校加强涉农专业建设，培养基层急需的专业技术人才，对农村"两后生"进行技能培训

作用三　**各级党校（行政学院）**

各级党校（行政学院）是培养基层党组织干部队伍的基地。发挥好党校（行政学院）、干部学院主渠道、主阵地作用，分类分级开展"三农"干部培训，将教育资源延伸覆盖至村和社区

作用四　**农业广播电视学校等培训机构**

支持各类培训机构加强对高素质农民、能工巧匠等本土人才培养，推动农民培训与职业教育有效衔接

作用五　**企业**

企业参与乡村人才培养。引导农业企业建设实训基地、打造乡村人才孵化基地、建设产学研用协同创新基地

图8-1　乡村人才培养主体的作用发挥

3. 推进乡村人才振兴体制机制上的创新

《意见》通过建立健全乡村人才振兴体制机制，着力打通乡村人才发展梗阻，为推动乡村人才振兴夯实制度基础，具体表现在图8-2所示五个方面。

在人才培养上 ☞ 《意见》提出有计划地选派县级以上机关有发展潜力的年轻干部到乡镇任职、挂职，加大公费师范生培养力度，推动职业院校（含技工院校）与基层行政事业单位、用工企业精准对接，定向培养乡村人才

在人才引进上 《意见》提出建立城市医生、教师、科技、文化等人才定期服务乡村制度，将基层工作经历作为职称评审、岗位聘用的重要参考。鼓励地方整合各领域外部人才成立乡村振兴顾问团，支持引导退休专家和干部服务乡村振兴。健全鼓励人才向艰苦地区和基层一线流动激励制度，激励人才扎根一线建功立业

 在人才使用上 《意见》提出建立县域专业人才统筹使用制度，积极开展统筹使用基层各类编制资源试点，探索赋予乡镇更加灵活的用人自主权，推动资源服务管理向基层倾斜。推进义务教育阶段教师"县管校聘"。在区域卫生编制总量内统一配备各类卫生人才，鼓励实行"县聘乡用"和"乡聘村用"

 在人才评价上 《意见》提出完善乡村高技能人才职业技能等级制度，组织农民参加多种技能评价，探索"以赛代评""以项目代评"。建立健全乡村人才分级分类评价体系，坚持"把论文写在大地上"，完善农业农村领域高级职称评审申报条件，对乡村发展急需紧缺人才可以特设岗位

 在人才服务保障上 《意见》提出完善乡村人才认定标准，做好乡村人才分类统计，建立健全县乡村三级乡村人才管理网络

图8-2 乡村人才振兴体制机制上创新的五个层面

4.贯彻落实《意见》的保障

《意见》明确了抓好落实的保障措施，如图8-3所示。

 在组织领导方面 《意见》强调各级党委要将乡村人才振兴作为实施乡村振兴战略的重要任务，建立党委统一领导、组织部门指导、党委农村工作部门统筹协调、相关部门分工负责的乡村人才振兴工作联席会议制度，把乡村人才振兴纳入人才工作目标责任制考核和乡村振兴实绩考核，注重提拔使用政治过硬、业绩突出的农村工作干部

 在政策保障方面 《意见》强调加强乡村人才振兴投入保障，支持涉农企业加大乡村人力资本开发投入，农村集体经营性建设用地和复垦腾退建设用地指标，注重支持各类乡村人才发展新产业新业态，推进农村金融产品和服务创新

图8-3

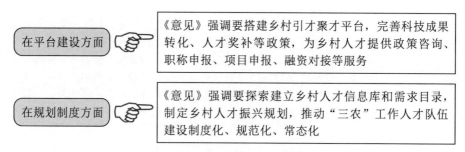

图8-3　乡村人才振兴的保障措施

除图8-3所描述的四项保障措施之外，《意见》还强调要选树乡村人才先进典型，营造良好环境。

三、《"十四五"农业农村人才队伍建设发展规划》解读

1."十四五"时期将重点抓好哪些农业农村人才培育

农业农村人才队伍数量大、类型多、涵盖广，需要分类施策、有的放矢。《"十四五"农业农村人才队伍建设发展规划》（以下简称《人才规划》）根据不同人才队伍的功能定位，把农业农村人才划分为主体人才、支撑人才和管理服务人才，共3类10支人才队伍，如图8-4所示。

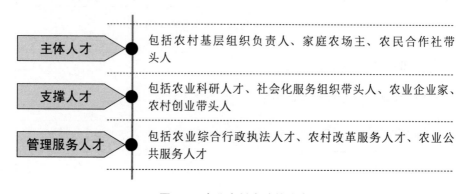

图8-4　农业农村人才的分类

针对不同人才队伍特点和作用，分别制定建设目标和差别化政策，做到突出重点，实现以点带面，强化示范引领。

2.《人才规划》在人才队伍建设方面的措施

《人才规划》聚焦培育建强3类10支人才队伍，谋划实施9项人才培育重大工程、专项行动和提升计划。这些重大项目的实施，将成为"十四五"农业农村人才

队伍建设的重要助推器。

比如，针对农业科研领域一直没有专门高层次人才培养项目、乡村产业振兴带头人培育系统性还不够等问题，创新谋划"顶天""立地"两个重大人才工程。"顶天"就是围绕打造农业领域战略人才力量，实施"神农英才"计划，按照"精准培育、重点支持、突破瓶颈、引领发展"的思路，每年遴选支持50名农业科技领军人才和200名有潜力的优秀年轻人才，5年打造一支战略人才队伍，引领带动农业科技整体实力跨越式提升。"立地"就是围绕培育乡村产业振兴带头人，实施带头人培育"头雁"项目，按照"严格准入、系统培育、配套支持、示范引领"的思路，每年每县培育10名、全国培育2万名，5年打造一支10万人的"领头雁"队伍，带动形成500万人的新型农业经营主体"雁阵"，培育壮大乡村产业振兴内生力量。

3.《人才规划》在促进人才发展上的制度安排

《人才规划》聚焦人才的育、引、用、励等关键环节发力，加大政策、机制、项目投入力度，如图8-5所示。

在人才培育方面，建立层次分明、结构合理、开放有序的教育培训体系，建立学历教育、技能培训、实践锻炼等多种方式并举的培养开发机制，加大对带头人、"关键少数"的培训力度，实现"培训一人，带动一片"

在人才引进方面，坚持需求导向，多渠道选拔高素质人才，把科研人员到农村开展服务活动的经历作为职称评审、岗位聘用的重要参考，鼓励各地整合各领域外部人才成立乡村振兴顾问团，加大对返乡入乡人才住房、子女教育等保障力度

在人才使用方面，将人才队伍建设与农业农村领域重大工程、项目统筹谋划、同步推进，将带动人才发展情况列入农业农村重大工程项目的考核验收指标，推动资源服务管理向基层倾斜，为人才在乡村干事创业提供培训、信息、金融、就业、创业等系统性支持服务，为各类人才搭建事业平台

在人才激励方面，打破乡村人才与城市人才在教育医疗、社会保障、公共服务等方面的政策壁垒，破除身份、体制和编制等体制机制障碍，对长期服务基层和艰苦边远地区的人才，在工资待遇、职务职称晋升、职业资格评价和职业技能等级认定等方面实行倾斜政策，激励人才扎根一线建功立业

图8-5 人才发展关键环节的制度安排

同时，为有力、有序、有效推进《人才规划》实施，将构建党委领导下的多部门分工负责、上下贯通的工作推进机制，严格考核评估和成果运用，加强数字化、信息化、人才库等基础支撑，加强有利于人才流入乡村的环境营造等一系列保障措施，凝聚发挥各方面资源优势，合力推进农业农村人才队伍建设。

4.《人才规划》在总体部署上的亮点

《人才规划》立足新发展阶段、贯彻新发展理念、构建新发展格局、推动高质量发展，围绕三农领域中心工作，规划内容主要呈现如图8-6所示三个方面的亮点。

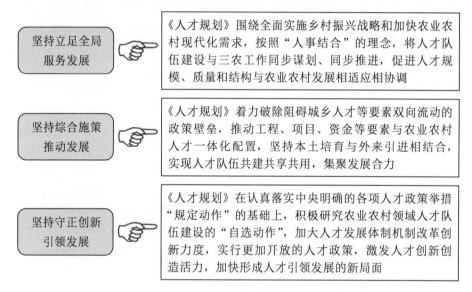

图8-6 《人才规划》在总体部署上的三大亮点

第三节 乡村振兴人才之我见

国家对乡村振兴人才通过一系列的政策进行了部署，各级政府部门则在政策的原则引导之下制定了适合本地的乡村人才队伍建设措施。然而，当下的现实是，城市掀起"抢人大战"，而乡村振兴一线面临无人愿来、留不住人的难题。所以，各级政府只有扎实做好乡村振兴"人才高地"引育留用全过程，打造人才集聚的"引力场"、人才发展的"活力源"，才能解除乡村振兴人才之渴。

因此，各级政府应坚持深入挖、就地取"才"与多渠道多方位聚才相结合，打通人才通道，增强人才的可持续发展能力，强化乡村人才支撑。

一、多措并举，人才引进

各级政府要结合本地农村发展特色，做好长期经济发展规划，制定好长期乡村人才发展规划。

1.管理体制

从管理体制上，要确定好牵头单位及各部门和基层的人才工作任务。各地乡村振兴人才规划设计要结合基层的实际情况，在实施的过程中要确保人才政策不断档、不朝令夕改，人才一揽子政策要"打包"实施，齐头并进，克服"政出多门"的现象。

2.具体措施

各级政府应不断优化发展环境，以乡情乡愁为纽带，研究建立有效激励机制和制定人才柔性引进管理办法，引导各类人才向乡村集聚，发挥"增量"人才作用。具体措施如图8-7所示。

措施一　**实施高层次人才引进计划**

> 政府部门可通过制定乡村振兴人才柔性引进管理办法、建立省级乡村振兴专家服务基地等方式，引进各类急需紧缺高层次人才投身于乡村振兴。对于在基层服务时间累计达到一定期限的高层次人才，给予一定的奖励，在国家和省级人才工程项目申报等方面给予一定的倾斜

措施二　**开展返乡创业就业推进行动**

> 各级政府可通过优化经济发展环境，不断深化"放管服"改革，通过出台更优惠的政策、搭建更实用的平台、提供更优质的服务，努力营造外出务工人员返乡创业就业的良好氛围。在县乡建立外出务工经商人员信息库，支持有条件的县市设立返乡创业工作站；积极鼓励支持返乡人员发展特色农业、乡村旅游、农村电商等产业

措施三　**实施高校毕业生乡村成长计划**

> 各级政府可将高校毕业生"三支一扶"计划与乡村振兴计划有机结合，鼓励高校毕业生到乡村从事支教、支农、支医和扶贫等服务。对于"三支一扶"人员，可考虑在公务员考试、研究生入学考试等方面给予适当倾斜

图8-7

措施四 **畅通各界人士服务乡村渠道**

各级政府可吸引支持企业家、党政干部、专家学者、医生教师、技能人才、退伍军人、返乡农民工等，通过投资兴业、包村包项目、行医办学、助学助教、捐资捐物、咨询服务、担任志愿者等多种方式服务乡村振兴

图8-7 具体措施

3.操作过程

操作过程中要注意政策的连续性和严肃性，要重点解决基层干部的专业性、稳定性和出路性问题。要真正留得住乡村高素质的基层干部人才，必须注意以下四点。

（1）发挥各级党组织招才引才的引领作用。

（2）要把人才和人力资本开发放在首要位置，畅通智力、技术、管理下乡通道，吸引更多高素质人才到乡村创新创业。

（3）要营造良好的营商环境，加大对返乡人才吸引力度，解决好用地、信贷、保险、社保等各方面遇到的困难。

（4）要让愿意返乡、回报乡村的人有信心，激励各类人才在农村广阔天地大显身手、大展才华，打造一支强大的县乡人才队伍。

二、畅通渠道，培养人才

做好乡村振兴，引进各类人才非常重要，但更加应该坚持培育人才，"引"是手段，"育"才是根本。

各级政府要创新机制，加快对新型职业农民、乡村干部、科技人才、乡土人才等现有各类人才培育，开展精细化培训，实施定向培养计划，激发"存量"人才潜能。定向培养计划如图8-8所示。

计划一 **实施新型职业农民培育工程**

各级政府应依托本省的高等职业教育、中等职业教育资源，积极鼓励生产经营型、专业技能型、社会服务型职业农民通过弹性学制接受中高等农业职业教育，努力提高其综合素质和职业能力。同时要加强信息化建设，打造新型职业农民培育信息化平台，提供在线学习、管理考核、跟踪指导等服务

计划二 > **实施乡村干部教育培训工程**

> 各级政府应坚持主题培训与专题培训、课堂培训与实地教学、集中授课与讨论交流相结合的方式，对现有乡村干部和后备干部开展政治理论、政策法规、领导方法等内容的培训，不断提高其政治素质、法规素质、管理能力，增强其执行政策、依法办事的自觉性

计划三 > **实施乡村科技人才培育工程**

> 该计划主要是针对农业技术人员和农村各类实用技术人才，实施乡村科技人才培育工程。各级政府可设立"乡村科技人才发展专项资金"，集中用于科技人才的培养培训；在教学设施先进、师资力量雄厚、实验手段完备的高等职业院校设立乡村科技人才培养培训基地；积极支持鼓励和引导社会力量参与乡村实用技术人才队伍的开发建设；适度增加县乡两级农业技术推广机构人员编制

计划四 > **实施乡土人才培育示范工程**

> 该计划的目的是积极发掘和培养各领域能工巧匠、民间艺人等乡土人才，加强乡土人才技能培训和示范，定期举办传统技艺技能大赛，增强乡土人才创新创造创业能力，发挥乡土人才在技艺传承、产业发展等方面的带动作用

图8-8　定向培养计划

乡镇和村作为乡村振兴工作的具体实施者，要主动肩负起培育人才的重任，积极与县区有关部门、各类农技类职业院校等进行对接，深入探讨乡村本土人才培育的新机制、新渠道，努力把农村有一定专业特长、产业发展基础，愿意在乡村发展的有志青年培育成能够带领群众谋划产业、发展村集体经济的"乡土专家"，形成以本土乡村人才队伍为主体的乡村振兴人才群体。

三、人才评价，激发活力

人才评价工作是发现人才、集聚人才、激励人才、用好人才的重要基础和手段。破解乡村人才瓶颈，各级政府必须创新人才评价机制，激发人才活力，增强人才动力。具体的运用关键如图8-9所示。

关键一 > **突出需求导向，进一步完善乡村人才评价体系**

立足乡村全面振兴需要，在现有基础上，进一步优化、完善乡村人才评价体系，在继续强化高层次专业人才评价的同时，积极探索新型职业农民、乡土人才评价机制，建立职业农民职称制度，建立乡土人才技能等级评价制度

关键二 > **深化分类评价，切实增强乡村人才评价的科学性**

遵循乡村人才成长规律，突出不同职业、专业、岗位区别，突出品德、能力、业绩评价，制定适合乡村人才实际和特点的评价标准，尤其对农技推广等应用型人才放宽学历、论文、外语等各种限制性条件

关键三 > **用好评价信息，进一步促进乡村人才交流与共享**

畅通乡村人才评价信息服务渠道，探索建立全省统一的乡村人才评价信息管理与服务平台，强化信息服务，为乡村人才跨单位、跨地区、跨体制合理流动、有效配置提供可靠的信息支撑

图8-9　人才评价的关键

四、改善环境，留住人才

人才振兴是乡村振兴的基础，乡村振兴战略的实施归根结底取决于"人"。要破解乡村振兴中"人"的难题，关键是让乡村能留人、留得住人。

1.政策留人

地方政府要建立公开、公平、公正、择优为导向的用人制度，吸引人才，对在基层工作出色、业绩优异、有志在农村发展且工作有一定年限的年轻人，在公务员、事业单位招考中适当给予政策倾斜，激发他们的成就感和上进心，让他们觉得工作有盼头，自己有良好的发展前景，从而全心投入工作；鼓励农民工返乡创业，出台可行的激励政策，比如针对返乡农民工创业的进行资金帮扶、补贴，大力培养和宣传创业典型，激励更多年轻人投身农村事业，带领群众共同致富；做好做强人才的技术培训学习，以请进来教和派出去学相结合，提升人才的竞争力。

注重从乡镇事业编制人员、优秀村干部、大学生村官中选拔乡镇领导干部，落实乡镇工作补贴和艰苦边远地区津贴政策等，解决乡村人才后顾之忧。

在引进人才时不能单纯把博士、硕士等专业性人才视为人才，对于能扎根农村、发展农村产业的人，无论是乡贤还是企业家，都应该纳入政府部门的人才引入和奖励行列，吸引有实力的能发展农村产业的人才。以鼓励创新、宽容失败的人性化管理，使人才潜能得到最大释放，价值得到充分体现，使其充满成就感、归属感、自豪感，激励他们在农村广阔天地中大显身手，充分发挥人才在乡村振兴中的作用。

2.待遇留人

（1）对于在基层工作认真、优秀的年轻人，要适当提高他们的收入，收入是最基本的物质基础，如果一份工作耗费了自己大量的时间和精力，但收入却非常低，那这份工作也就没有让人留恋的地方。提高招聘干部的收入，让他们在薪酬福利上体现自身的价值，提高偏远、条件不好的地方工资待遇，才能留住人才，吸引他们为农村发展做贡献。

（2）人的生活离不开衣食住行，待遇留人首先需要解决好农村振兴人才的住房、教育、医疗、养老等后顾之忧，让人才潜心于农村。

3.机会留人

乡村振兴战略是实现全面小康的重要举措，关系中国农民的幸福生活，关系中华民族的伟大复兴，是新时代新农人的伟大事业。在这一事业中创业的机会非常多，地方政府要为人才创造创业的机会，主要有三个方面。

（1）高效的现代化农业包括种植业和养殖业，具体种植或养殖品种需要与各地具体情况和个人实践相结合。

（2）搞特色生态旅游或者民宿等，这些也需要跟各地和周边城市相结合，可以作为城市居民闲暇之余的全家短途旅游目的地。

（3）特色制造业，可以根据当地人力或者生产资源做一些工艺品或者特色农产品等。其他的如自媒体、传统文化等产业也是一种出路，这些都需要个人的能力及知识储备。

4.乡情乡愁留人

我国是一个农业大国，聚族而居的乡村是根和魂，凝聚了乡邻关系的乡情与乡愁。地方政府可探索以乡情乡愁为纽带感动和凝聚各方人才支持乡村建设，组织乡贤积极参与乡村社会公共事务治理，汇集智慧力量回馈乡村经济，将乡情乡愁真正转化为热爱家乡、感恩家乡、回报家乡的实际行动，从而增强乡村人才的归属感。

🔍【实例9】▶▶▶ --

江西吉安：乡村振兴学院的"一红四金"培训新模式

2022年，吉安市乡村振兴学院在吉安职业技术学院揭牌成立，该校将充分发挥学校和吉安市委党校的平台优势，不断加强教育资源整合、丰富教学内容、完善教育功能、做大学习平台。该校坚持以服务和助力乡村振兴为己任，依托吉安市独特自然禀赋、农业产业基础以及"三农"工作实践环境，旨在努力建设成高水平现代乡村振兴学院；紧密围绕中央和省市关于乡村振兴的部署安排，紧扣全市农业农村发展的重点、难点、热点问题，加强调查研究，做新研学课题；在丰富学院课程的同时，坚持市、县、乡三级联动，把课堂搬出去、将专家请进来，在产业基地、农业园区、基层一线开展实践教学，做活培训机制；建立健全多层次、多形式的农村人才培训体系，将该校农林学院打造成全市乡村人才振兴的重要阵地。

更好地发展壮大红色旅游产业，发展村级集体经济，带动村民共同富裕，立足自身红绿资源优势，坚持"改革攻坚、开放提升、红色引领、绿色发展"十六字方针，不断推进全域旅游，集中打造一批红色教育、红色研学、休闲观光产业，实现"公益金"联结带动村集体、农户，实现资源共建、资金互补、利益共享。该校邀请名师专家授课，从理论课堂到现场实践，培训足迹从市内到市外。吉安市乡村振兴学院创新推出"一红四金"乡村人才培训模式，即红色引领，金色课程、金色论坛、金色路线、金色成果，用实战培训乡村人才，用实干带领农民致富，用致富成果回报红土地，奋力走出一条乡村振兴的路径和乡村培训的"吉安"模式。

在该校2022年创业致富带头人培训班和电商创业人才培训班上，神山村村支书彭展阳介绍了当地弘扬井冈山精神，成功脱贫"摘帽"的历程。

"课程要有含金量，重点要讲方法、讲思路、讲路径，要让干得好的来教，让致富榜样来传真经。"培训班邀请了全国电子商务专家等讲述实战经验，全国劳模等现场分享致富秘诀。学员们先后来到市农高区、井冈山神山村、案山村、赣州五A级乡村旅游点五龙风情园等地进行现场实践教学。把课堂搬到田间地头和工厂车间，现场讲、现场教，群策群力，把问题解决在路上。

搭平台，构建共享"新气象"。白天课程精彩纷呈，培训班的夜晚也热闹非凡。每天晚上的乡村振兴论坛，让师生谈分享、找对策、聊合作。课前课中课后出现师教生、生教生、生教师的真学真问的生动画面。

（此案例由吉安职业技术学院艺术设计专业主任张杰提供）